서투르지만
둥글둥글한
팀장입니다

## 서투르지만 둥글둥글한 팀장입니다

**초판 1쇄 인쇄** 2022년 5월 24일
**초판 1쇄 발행** 2022년 5월 31일

**지은이**    안재선(재쉰)

**책임 편집**    정은아
**편집**    윤소연

**디자인**    박은진
**마케팅 총괄**    임동건
**마케팅 지원**    나해진 전화원 한민지 이제이 한솔 한울
**경영 지원**    임정혁 이지원

**펴낸이**    최익성
**출판 총괄**    송준기
**펴낸곳**    파지트
**출판 등록**    제2021-000049호

**제작 지원**    플랜비디자인

**주소** 경기도 화성시 동탄원천로 354-28
**전화** 070-7672-1001 **팩스** 02-2179-8994 **이메일** pazit.book@gmail.com

**ISBN** 979-11-92381-04-6 03320

# 서투르지만 둥글둥글한 팀장입니다

✦ 92년생 초보 팀장의 고군분투기 ✦

안재선(재쵠) 지음

P:AZIT

# 어쩌다 보니
# 팀장이 되었다

## 스물아홉, 초보 팀장이 되다

어쩌다 보니 나는 6명의 구성원으로 이루어진 콘텐츠 팀을 이끄는 팀장이 되었다.

"스물아홉 살, 지금 회사에서의 경력 1년, 전체 업무 경력 2년밖에 안 되는 내가 팀장이 된다고?"

처음에는 정말 얼떨떨하고, 믿기지 않았다. 대기업, 중견기업 같은 전통적인 조직에서는 불가능한 일이다. 이 말도 안 되는 일은 내가 몸담고 있는 조직이 혁신적인 서비스를 만들며, 내부적으로 매우 기민하게 움직이는 스타트업이어서 가능했다. 개인이 잘하는 일에 힘을 실어

주는 회사 고유의 문화에, 글 쓰는 것을 좋아하고 무언가를 기획해서 실행하는 것을 잘하는 나의 특기, 그리고 마침 콘텐츠 담당 인력의 보강이 필요했던 회사의 대내적인 변화. 이 삼박자가 기가 막히게 맞아 떨어진 것이다.

그렇게 회사의 콘텐츠팀은 나 한 명뿐인 원맨팀으로 시작했다. 불과 1년 전, 면접을 보고 이 회사에 들어왔던 내가 어느새 면접관이 되어 주니어 레벨의 콘텐츠 마케터와 디자이너 인터뷰를 하고 팀을 꾸리게 되었다. 내가 어쩌다 팀장이 된 것처럼, 어쩌다 보니 콘텐츠팀도 순식간에 6명의 구성원으로 이루어진 (회사 비즈니스 본부 내 가장 큰) 팀이 되어 버렸다.

## 디지털 마케팅 솔루션 회사의 마케터

내가 다니는 회사는 기업의 디지털 마케팅을 효율적으로 관리할 수 있도록 돕는 솔루션을 만드는 IT 스타트업이다. 온라인 광고를 하고 싶지만 전문적인 지식이 부족하여 선뜻 엄두를 내지 못하고, 그렇다고 광고 대행사를 이용하기에는 예산이 부족한 1인 기업이나 소기업이 주요 고객이다. 고객들이 마케팅을 더 잘할 수 있도록 돕는 서비스를 운영하면서, 동시에 우리 회사도 더 많은 고객을 유치하기 위해서는 마케팅이 필요한 법. 마케팅을 어렵다고 느끼거나, 더 잘하고 싶은 니즈가 있는 잠재 고객들이 우리 서비스를 발견할 수 있게 글, 이미지, 영상 등의 콘텐츠를 만들어 알맞은 매체에서 노출될 수 있도록 배포하는 것이 내가 하는 일이다.

처음부터 내 직업이 마케터였던 것은 아니다. 원래 회사 명함에 찍힌 나의 직무는 '고객 커뮤니티 매니저'였다. 우리 회사는 비대면 서비스이기 때문에 고객을 대상으로 한 세미나 개최 등 오프라인 이벤트를 통해서 고객과의 접점을 만들고, 신뢰 관계를 강화하자는 취지로 직무가 새로 생긴 것이다. 그러나 이 직무는 그리 오래가지 못했다. 서비스를 오픈한 지 1년이 채 되지 않은 시점이라 고객 수 자체가 그리 많지 않았고, 2020년 1월부터 본격적으로 시작된 코로나19로 인해 오프라인 행사 업계는 그야말로 꽁꽁 얼어 버렸기 때문이다. 바쁘게 돈을 벌어오는 행위가 더 중요한 초기 스타트업에서 고객 커뮤니티 매니징은 상대적으로 우선순위에서 밀려났다.

회사에 입사한 초기 목적을 상실한 뒤부터는 조직에 필요한 인재가 되기 위해 그때그때 필요한 옷을 맞춰 입어야 했다. 그러던 중 새로 주어진 역할이 브랜드적인 관점에서 고객의 온라인 광고 성과 최적화를 돕는 컨설턴트였다.

브랜드 컨설팅 일은 재밌었다. 우리 서비스 고객 중에는 스마트스토어를 운영하거나 이제 막 자사몰을 만든 소기업의 비중이 높았는데, 광고 이미지나 웹사이트 내 각종 텍스트들은 너무 공급자 중심으로 작성되어 정작 소비자가 그 제품/서비스를 사야 하는 이유를 제공하지 못하는 경우가 많았다. 예를 들어, 헤어 에센스라고 하면 광고주는 해당 제품에 실리콘 등 유해한 성분이 들어가지 않았다는 포인트를 강조하고 싶어 하는데 사실 더 중요한 것은 '이 에센스를 바르면 머리카락이 떡지지 않아요'처럼 소비자가 가진 페인 포인트pain point(불편함을 느끼는 지점)를 환기하여 공감대를 형성하는 것이다. 내가 제안한 카피와 콘셉트를 반영한 광고 이미지가 좋은 성과를 낼 때마다 이루 말할 수 없는 뿌듯함을 느꼈다.

그러나 다행히(?) 조직은 내가 이 일만 하게 내버려 두지는 않았다. 스타트업에서 멀티태스킹은 그야말로 기본 중의 기본. 어느 순간부터 우리 회사를 홍보하는 콘텐츠에 눈길이 가기 시작했다. '이렇게 하면 더 잘할 수 있을 것 같은데' 하는 생각이 들면서 아이디어들이 샘솟았다. 제안을 해서 받아들여졌다면 실행도 내가 해야 했다. 페이스북/인스타그램 광고 이미지를 기획하고, 블로그에 글을 쓰고, 새로운 기능이 업데이트되면 이를 친절하게 알리기 위해 이메일 마케팅도 했다. 필요에 의해 해야 하는 일도 있었지만, 이런 종류의 일이 재미있어서 적극적으로 나서다 보니 벌린 일이 점점 커지게 되었다. 그렇게 나는 어느새 마케터가 되어 있었다.

## 팀장이 되니 보이는 것들

고객의 광고 캠페인 성과 관리부터 우리 회사의 마케팅까지 워낙 담당하는 일이 많다 보니 외부에서 누가 "무슨 일 하세요?"라고 물어올 때마다 한마디로 깔끔하게 대답할 수 없어 난감했던 적이 많았다. 콘텐츠팀 팀장이 되어 좋았던 점은 내가 해오던 일(서로 연관성 없이 산발적으로 보이던)이 '콘텐츠'라는 하나의 카테고리로 아름답게 연결되면서 명확해졌다는 것이다. 우리 회사는 기업을 대상으로 하는 소프트웨어를 운영하기 때문에 제품을 만드는 일이 최우선이었다. 모든 회사가 그렇듯이 마케팅을 담당하는 부서는 돈을 벌어오지 않고 오히려 돈을 쓴다. 따라서 상대적으로 당장의 이익을 가져다주지 않는 브랜드 콘텐츠를 만드는 일은 뭔가 회사 내에서 리소스 낭비처럼 느껴져 은근 눈치가 보였던 차였다. 그런데 이제는 전담 팀도 생기고, 게다가 내가 리더라니! 내가 하는 일에 힘이 부여되는 기분이 들었다.

## 팀장이 되니 느끼는 것들

처음에는 팀장이라는 직책에 크게 부담을 가지지 않으려고 했다. 내 실력이 뛰어나서 팀장이 되었다기보다는 내부적인 필요에 의해 콘텐츠팀이 신설되어야 했고, 사내에서 이 분야 일을 주로 담당했던 내가 팀장을 맡게 된 것이니까. 직책은 팀장으로 바뀌었어도 원맨팀으로 일하는 약 두 달 동안은 내가 하는 일은 이전과 크게 차이가 나지 않았다.

그런데 내 밑으로 팀원이 들어오니 많은 것이 달라졌다. 이 회사가, 이 일이 처음인 주니어 팀원들에게는 가이드를 주고, 이끌어 주고 업무의 우선순위를 정리해줄 팀장이 필요했다. 팀원이 갑자기 면담을 요청하면 얼마나 심장이 쫄깃하던지.

내 업무만 잘하면 모든 것이 해결되던 시대는 끝났다. 내 일보다는 팀원들의 업무를 먼저 보고, 피드백을 주는 것이 우선순위가 되었다. "일과 중에는 팀원의 일을 봐주다가 퇴근 시간 이후에야 내 일을 할 수 있는 시간이 생긴다"라고 말씀하시던 예전 회사 팀장님의 이야기가 비로소 공감이 되었다.

'내 커리어에서 생각보다 빠르게 찾아온 이 변화가 과연 기회일까, 아니면 오히려 독일까?'

한 가지 분명한 점은 더 빠르고 깊게 성장할 수 있는 기회가 주어졌다는 것이다. 팀원일 때는 미처 고려하지 않아도 괜찮았던 '조직과 사람'에 대한 고민이 필요하고, 나의 생각과 태도, 행동에 변화가 필요해졌다.

팀장이 됨으로써 수반되는 이 변화들이 단기적으로는 고통스러울지라도, 이 과정의 끝에 더 나은 사람이 된 내 모습을 상상하며 모든 순간에 최선을 다하기로 마음먹었다.

# contents

# 팀원들이 나 빼고
# 점심을 먹으러 간다

🌸 둥글둥글 팀장의 일기 #1

사람들에게 더 베풀고 따뜻하고 친절한 사람이 되자고 마음먹었다. 그

들이 먼저 내게 다가오지 않고, 손 내밀어 주지 않는 것에 대해 서운

해만 하기보다, 나를 되돌아보고 먼저 다가가는 사람이 되어 보자.

평균 속도였다면 아직 주니어 레벨에 불과한 내가 팀장이 돼서 절실히 느끼는 점 중 하나는 아무리 내가 편하고 수평적인 사람이 되려고 노력한다고 해도 팀장은 어쩔 수 없이 그 자체로 불편한 존재가 될 수밖에 없다는 것이다. 나의 말투와 태도, 행동에 더욱 조심할 필요성을 느끼게 된 계기가 있었다.

우리 회사의 출근 시간은 10시다. 출퇴근 시간이 유연한 편이라, 약간의 지각은 전혀 문제가 되지 않아서 10시 30분 정도까지만 자리에 도착하면 된다. 다들 조금씩 여유롭게 출근하기도 하고, 출근하자마자 각종 이메일과 고객으로부터 온 문의를 확인하느라 정신없이 바쁘기 때문에 10시에 미팅을 잡지 않는 것은 불문율이다.

문제의 그 사건은 하필 오랜만에 한 과음으로 지독한 숙취에 허덕이던 날 아침 발생했다. 몹시 괴로운 상태로 출근하는 지하철에서 회사 캘린더를 보다가 팀원 A가 오전 10시에 시작하는 미팅을 잡은 것을 확인하였다. 나는 당연히 A가 11시 미팅 시작을 염두한 것이고, 실수로

10시로 세팅했다고 생각했다. 그때의 내 상태로는 출근하자마자 바로 미팅을 리드하는 것이 힘들어서 약간의 휴식이 필요했다.

회사에 도착하니 역시나 A는 10시가 넘은 시각이었지만 아직 도착하지 않았다(우리 회사에서는 전혀 이상하지 않은 현상). 메신저로 해당 미팅 시간을 변경하면서 "11시에 시작하시죠…"라는 메시지를 남겼다.

그러자 같은 미팅에 참여하기로 되어 있던 팀원 B가 번개 같은 속도로 "빨리 오세요, A!"라는 댓글을 남겼고, A는 즉각 "아, 10시로 올렸구나…. 11시로 올렸다고 생각했네요. ㅠㅠ"라고 댓글을 달았다. 순간 내가 의도하지 않았던 오해가 생겼다는 것을 직감했다.

"시작하시죠…."

이 문장 끝에 이어지는 점 3개는 전날 술자리에서 여러 가지 술을 섞어 마신 것을 벌하기라도 하듯 올라오는 메스꺼움이 내가 꾹꾹 눌러 쓰는 텍스트에도 고스란히 전해진 것이었다. 그러나 팀원들 입장에서는 '팀원이 아침에 미팅 잡아 놓고 제시간에 오지 않은 것에 대한 팀장의 빡침'으로 전해졌던 것 같다.

내 딴에는 좋은 의도, 대수롭지 않게 건넨 말이라도 그 말이 팀원들에게 닿는 순간에는 상처를 줄 수 있는 날카로운 언어가 될 수 있다. 어쩔 수 없이 나는 업무를 지시하고, 팀원들은 따르는 입장이기 때문이다. 앞으로 팀장으로서 언행에 더욱 신중을 기할 필요가 있다고 깨달은 계기였다.

팀장이 되면서 또 한 가지 달라진 점은 점심시간의 풍경이다. 딱히 별로 배도 안 고프고, 업무에 집중하다가 12시 30분이 되어서야 주변을 돌아보면, 텅 빈 오피스에 혼자 덩그러니 남아 있는 일이 잦아졌다. 이미 팀원들은 동기들과 삼삼오오 무리 지어 밖으로 나간 뒤다. 요즘 내게 점심시간은 피부로 와닿는 부쩍 외로운 시간이 되었다.

혼밥 혼술이 대세가 된 시대, 자발적인 혼밥을 선호하는 사람들도 많아졌고 나도 혼밥을 두려워하는 부류의 사람은 아니다. 하지만 워낙 사람들과 어울리는 것을 좋아하고, 점심시간만큼은 재잘재잘 동료들과 이야기를 나눠야 스트레스가 풀린다고 생각해서일까. 의도치 않게 혼자 남겨지는 순간이 오면 갑자기 일곱 살 어린아이의 마음이 되어 서러운 감정이 들다가도, 이렇게 혼자 남겨지는 데 일조했을 나의 평소 인간됨에 대한 반성이 드는 등 복잡한 심리 상태가 된다.

'같이 밥 먹자고 하기에 내가 그렇게 부담스럽고 불편한 사람인가?'

꼰대 선배처럼 팀원들에게 약간의 서운함을 느끼다가도, 팀원들과 점심식사를 하게 되면 왠지 먼저 카운터로 달려가 카드를 긁어야 할 것 같은 부담감에 선뜻 같이 밥 먹자고 먼저 제안한 경우도 많지 않았다는 사실을 깨닫고 서운함은 곧 미안함으로 바뀐다.

사실 내 점심시간이 외로워진 근본적인 이유는 팀원들이 나와 밥을 먹어주지 않아서가 아니다. 비슷한 시기에 입사했던 가장 친했던 동료들이 최근 하나둘 회사를 떠나면서, 평소에 밥을 함께 먹던 무리가 와해되었기 때문이다. 내가 안정감을 느끼는 회사 내 동료 그룹이 여전히 튼튼했다면 누가 누구랑 점심을 먹든 신경 쓰지도 않고, 괜히 팀원들에게 서운함을 느끼지 않아도 되었을 텐데.

어쩌면 팀장이 된다는 것은 단순히 업무적인 변화만 맞이하는 것이 아니라, 나를 둘러싼 주변 환경의 변화까지 고스란히 감내해야 한다는 것이 아닐까 하는 생각이 들었다.

# 실무는 줄었는데
# 왜 더 불안한 걸까

🍀 둥글둥글 팀장의 일기 #2

요즘 내가 일을 어떻게 하고 있는지 모르겠다. 뭔가 줄줄 새어가는 느낌.

일이 너무 많은 걸까, 아니면 내가 우선순위 설정을 잘하지 못해서 허

우적거리는 걸까. 내 코가 석 자니 팀원들을 잘 챙기지도 못하는 것 같

아 미안하다.

"팀장이 실무하느라 너무 바빠서는 안 돼요. 이제는 팀의 방향성을 제시하는 역할을 해야 합니다."

팀장이 되고 나서 주변 동료에게서 받은 피드백 중 하나였다. 어디선가 읽었던 글에서는 이런 내용도 있었던 것 같다. '위임하지 못하는 팀장이 최악이다.'

팀원이 들어오고 나서 첫 한 달은 정말 너무 바빴다. 내가 맡은 일은 줄어들지 않았는데 팀원 교육 및 관리 업무가 더해져 업무량은 오히려 늘어났다. 평소 칼같이 퇴근 시간을 지키는 것으로 유명한 내가 퇴근 시간 이후에도 종종 출몰하는 것을 동료들은 신기하게 여겼다. 일이 너무 많아 끙끙거리는 나를 보며 주변의 친한 동료들이 비슷한 말들을 건넸다.

"혼자 다 하려고 하지 말고, 팀원들에게 위임하세요."

"팀장이 실무하다가 바빠서 정작 가장 중요한 방향성을 제시하지 못하면 안 돼요."

'내가 하던 업무를 위임하지 못하면 나는 나쁜 팀장인 걸까?'

팀원이 생기더라도 당연히 이전처럼 실무를 계속해야 한다고 생각했던 내 마음은 갑자기 분주해졌다. 업무를 빠르게 위임하지 않은 것은 규모가 크고 체계가 있는 조직의 팀장과 스타트업에서 팀장의 역할이 다르다고 생각한 것이 컸다. 내 위에 있는 본부장도 실무를 담당하는 프로젝트가 있고, 비즈니스 본부 팀원들과 공통적인 업무도 병행하고 있다. 그러니 나도 당연히 팀장이 되어서도 이전만큼의 실무를 유지하는 것이 밥값 하는 길이라고 생각한 것이다.

이제 막 입사한 팀원들에게 너무 많은 부담을 주지 않기 위한 배려 차원에서 적극적으로 위임하지 않았던 것도 있었다. 그런데 다시 생각해보니 결과물의 퀄리티가 걱정되어 '차라리 내가 하는 게 낫지'라는 마인드도 은연중에 작용했던 것 같다.

어디선가 읽은 글에서 위임하지 못하는 팀장이 최악인 이유 중의 하나가 팀원을 믿고 일을 맡기지 못하면 결국 팀원의 성장을 저해하기 때문이라고 했다. 실무를 놓치지 말아야 한다는 내 욕심에, 팀원들이 적응할 때까지 기다려주려는 괜한 배려심에 팀원들이 제대로 성장할 기회를 막는 것은 아닐까 하는 생각이 들자 번뜩 각성이 되었다. 어쩌다 보니 팀장을 맡게 되었지만, 그래도 이왕 하는 김에 '좋은 팀장'이 되고 싶었다.

하나둘 내가 하던 업무를 팀원들에게 위임하기 시작했다. 기존에 이어지던 프로젝트까지는 내가 마무리하고, 신규로 시작되는 일들은 적극적으로 팀원들에게 맡겼다.

그런데 예상치 못한 문제가 생겼다. 실무가 줄어들고 관리하는 비중이 늘어나면서 심리적으로 너무 불안해진 것이다. 나는 콘텐츠 마케터이다 보니 블로그 글, 뉴스레터, SNS 포스팅 등 눈으로 확인할 수 있는 결과물을 생산하는 일에 익숙했다. 그런데 업무를 위임하면서 일과 중 많은 시간을 팀원들과의 커뮤니케이션에 쓰다 보니 뭔가 보이는 결과물의 생산이 이전보다 확 줄어들었다. 열심히 팀원들의 질문에 대답하고, 업무 진행 상황을 체크하고, 필요하다면 옆 팀의 도움을 요청하면서 정말 바쁘게 일했는데도 일을 하고 있지 않은 느낌이 들었다. 주변에서 "대체 쟤는 요새 무슨 일을 하는 거야?"라고 수군거리는 것은 아닐지 불안해졌다.

내가 하는 일이 겉으로 보기에 티 나지 않는다는 것 외에도 다른 고민이 있었다.

'괜히 내가 중간에 껴서 업무를 비효율적으로 만드는 것은 아닐까.'

내가 관리자가 되어 '매일 하게 되는 커뮤니케이션과 조율의 업무가 과연 필요할까?'라는 생각이 들었다. 조직 규모가 크지 않았던 불과 몇 개월 전까지만 해도 실무자가 대표에게 컨펌받으면 되는 빠르고 효율적인 보고 라인을 가지고 있었는데, 괜히 내가 중간에 끼어서 비효율을 만들어 내는 것은 아닐까 걱정되었다.


본부장과 기획팀장과 가진 술자리에서 술김에 이런 고민을 솔직하게 털어놨다. 그랬더니 본부장이 "팀장이 중간에 껴서 비효율을 만들어 내는 것이 아니라, 오히려 팀장을 거치지 않아 차후에 발생할 수 있는 문제를 예방함으로써 비효율을 줄이는 일을 하는 것이다"라고 말해 줬다. 그제야 나를 짓누르던 무거운 돌덩이가 사라지는 느낌이 들었다.

조직도 그리고 나도 팀장이 처음이다 보니 익숙해지는 시간이 필요한가 보다.

# 아끼는 팀원의
# 첫 퇴사

🌸 둥글둥글 팀장의 일기 #3

나 스스로도 너무 부족한데, 내 밑에 누가 들어온다니 부담도 되면서 책임감이 느껴졌다. 결론은 명확하다. 내가 배로 더 열심히 해서 팀원들이 조직에 잘 적응하고, 좋은 성과를 내고, 성취감을 느끼며 일할 수 있도록 가이드해야지.

출근한 뒤 캔틴에서 커피를 내리고 있는데, 영상 콘텐츠 제작을 담당하는 팀원 C가 쭈뼛쭈뼛 다가와 잠깐 이야기를 나눌 수 있느냐고 말을 걸었다. 평온했던 화요일 아침 갑자기 나의 마음이 덩달아 불안해졌다. 팀원이 1:1을 먼저 신청한다는 건 대개 좋은 일이 아닐 경우가 많기 때문이다.

"팀장님… 저 그만두려고요."

아니나 다를까, 우려하던 말이 그의 입 밖으로 쏟아져 나왔다. 그는 각종 브랜드 필름, 광고 영상 콘텐츠를 제작해왔던 콘텐츠 크리에이터였다. 영상 편집 감각이 좋고, 그가 제작한 광고 영상이 유튜브와 페이스북에서 라이브되었을 때 좋은 성과를 거두기도 해 실력을 인정받는 팀원이었다. 특히 그가 직접 촬영하고 편집한 회사 브이로그 시리즈에는 우리 회사와 팀에 대한 그의 애정 어린 시선이 고스란히 담겨 있어 내가 개인적으로 가장 좋아하는 영상 콘텐츠였다.

그러나 최근에는 별다른 교류나 소통 없이 조용히 일

만 하는 모습이 보였는데, 슬럼프 시기를 겪고 있는 건
지 이전에 비해 열정이 조금 식은 듯했다. 지난주 금요
일에 면담을 통해 이야기를 나눈 뒤 그가 언젠가 그만둘
지도 모른다는 생각은 했지만 이렇게 빨리 마음을 정리
할 줄은 몰랐다.

C의 고민은 우리의 서비스가 B2B라는 특성상 진중한
우리 브랜드의 톤앤매너와 그의 콘텐츠 제작 스타일의
결이 많이 다르다는 것이었다. 그동안은 우리 서비스와
팀이 너무 좋아서 함께 성장하고 싶은 마음이 강력한 동
기부여가 되어 영상을 제작해 왔다고 했다. 하지만 시간
이 지날수록 일관된 브랜드의 톤앤매너 속에 갇혀 있다
는 생각이 들고, 성장의 한계를 느낀다고 했다.

그의 말이 어떤 의미인지 너무도 잘 이해할 수 있었
다. 우리 회사를 떠나 그의 끼를 마음껏 펼칠 수 있는 환
경에서 일하는 것이 개인의 성장을 위해서는 더 좋은 길
일 것이다. 이렇게 훌륭한 일꾼을 잃는 것은 회사 차원
에서는 큰 손실이고, 팀장으로서도 너무 아쉬웠기에 어
떻게든 붙잡고 싶었다. 하지만 뭐 별다른 도리가 있나.

이미 스스로 마음의 결정을 내렸다면, 내가 그리고 회사가 할 수 있는 건 아무런 질척거림 없이 그를 보내주고, 그가 선택한 길을 진심으로 응원할 수밖에.

헤어짐의 순간이 다가오니, 그를 처음 만났던 작년 9월 인터뷰 순간이 떠올랐다. 내가 8월에 팀장이 되었으니, 정말 한 달 차 초보 팀장이었을 때다. 이력서와 포트폴리오로 C의 영상 편집 실력은 검증되었지만, 오랜 프리랜서 생활과 1년 미만의 짧은 창업 경력이 마음에 걸렸다.

'과연 조직에 잘 적응하여 우리와 함께 오래 일할 수 있을까?'

그는 서른이 넘은 자신의 나이를 이야기하며 이제는 어딘가에 소속되어 안정적으로 일하면서 조직 내에서 일하는 체계와 커뮤니케이션 스킬을 배우고 싶다고 했다. 그의 말에서 진심이 느껴지고 절박함이 보였다. 언젠가는 자신의 둥지를 찾아 훨훨 날아가겠지만 잠깐이라도 함께 일하면 서로 좋은 시너지를 낼 것 같았다.

그렇게 우리 팀에 합류하게 된 C는 기대보다 훨씬 더 좋은 성과를 보여줬고, 조직 내에서도 여러 사람과 두루 어울리며 분위기 메이커 역할을 톡톡히 했다. 기본적인 실력도 좋았지만 C에게서 가장 좋았던 점은 책임감 있게 일하며 소통하고, 지속적으로 배우려는 태도였다.

인수인계 및 퇴사일을 정리하기 위해 대표님과 함께 C의 면담을 진행했다. 훈훈한 분위기로 진행되다가 갑자기 대표님이 C에게 팀장으로서의 나는 어땠는지 물어봤다. 갑자기 상황 역전, 나의 면담이 되어 버렸다. 최대한 솔직하게 피드백을 달라고 했다. C는 나에게 어떤 피드백을 줄지 심장이 쫄려 왔다.

"회사에서 존경하는 사람이 3명 있는데, 그중에 한 명이 팀장님이에요."

그의 입에서 나온 말은 놀라웠다. 가장 좋은 점은 소통이 잘 되는 것이라고 했다. 내가 앞에 있어서 하는 사탕발린 말이 아니라 진심이 느껴졌다. 감격해서 눈물이 찔끔 날 뻔했다. 초보 팀장으로서 '내가 과연 잘하고 있는 걸까?'라는 의문이 들고, 팀원들을 못 챙길 때마다 죄

책감이 들고 괴로울 때가 많았는데 어두웠던 지하실에 한 줄기 빛이 비치는 것 같았다.

생각해보니 팀장이 되고 난 뒤 처음 있는 팀원의 퇴사다. 팀장이 된다는 건 새로운 팀원을 뽑고, 팀을 꾸리는 것뿐 아니라 아끼던 팀원을 보내는 것에도 익숙해져야 하는 자리라는 것을 깨달았다.

# 마케터는
# 내 운명

🌸 둥글둥글 팀장의 일기 #4

요즘 글쓰기가 내게 미치는 좋은 영향이 새삼 느껴진다. 광고 카피를 구상할 때나 블로그 글을 쓸 때 쑥쑥 써지는 느낌이 들고, 심지어 카톡에 답장할 때도 모두 글이다 보니 습관화된 글쓰기가 나의 표현력을 풍부하게 해주고, 내 논리를 강화해주는 것 같다.

앞에서 밝혔듯이 나는 지금 이 회사에 입사할 때까지 마케팅 업무를 경험해본 적이 없었다. 오히려 그와는 매우 동떨어진 삶을 살았다. 대학 때 전공은 정치외교학이었다. 우리 학과는 취업이 잘 안 된다며 주변 동기들이 경영학과, 경제학과를 복수 전공하며 바쁘게 살 때 나는 무슨 자신감이었는지 단일 전공으로 밀고 나갔다. 나와는 잘 맞지 않는 학문을 공부하려고 애쓰는 것보다 인턴십 등의 실제 경험이 중요하다고 생각했다. 마케팅을 간접 경험해볼 수 있는 공모전에도 참여하지 않았다.

그래도 마케터로서 자격이 완전 미달이 아니라고 자신 있게 말할 수 있는 한 가지는 내가 글쓰기를 좋아했다는 것이다. 대학교 1학년 이후로 지금까지 10년 넘게 일기를 써오고 있다. 대학에 입학하여 처음 사귄 남자친구가 매일 일기를 쓰는 사람이었는데, 그 모습이 멋있어 보여 나도 시작했다. 그렇게 시작한 일기 쓰기를 이렇게 오랫동안 지속할 수 있는 건 일기 쓰기가 나에게 미치는 긍정적인 영향이 상당하기 때문이다.

점심에 먹었던 맛있는 음식, 퇴근길 노을 지는 하늘이

너무 예뻐 갑자기 뭉클해진 마음, 누군가의 말 끝에서 느꼈던 따뜻함, 어리게 굴었던 내 행동에 대한 미안함. 순간적으로 일어나는 감정과 사건을 잊지 않고 기록하니 삶이 더욱 다채로워지는 것처럼 느껴졌다. 이렇게 일기를 매일 쓰다 보니 사소함을 기록하고 기억하는 사람이 되어 가고 있었다.

본격적으로 내가 그래도 글쓰기를 꽤나 좋아하고, 실력이 나쁘지 않다고 깨닫게 된 건 회사의 업무에서 글을 다루기 시작하면서였다. 한 비영리 기관에서 인턴으로 근무할 당시, 교육 프로그램에 참여한 사람들이 쓴 에세이를 편집하여 수기집으로 엮는 일을 맡았다. 비문을 고치고, 지루하게 반복되는 내용은 걷어내고, 문장과 문장이 더 잘 어울리게 이어 붙이는 일이 참 재밌었다. 그렇게 내 손끝을 거쳐 한결 정돈된 글을 보고 있자면 다이아몬드 원석을 깎고 깎아 아름다운 다이아몬드 반지로 만드는 희열 비슷한 것을 느꼈다.

아무에게도 보여주지 않는 일기만 쓰다가 몇 년 전부터 브런치 작가로 온라인 플랫폼에서 글을 쓰기 시작했다. 내 글을 읽고 좋아요, 댓글을 통해 응원해주시는 얼굴 모르는 브런치 작가들, 그리고 '재밌다', '덕분에 잊고 있던 추억이 떠올랐다'라는 지인들의 반응을 보면서 '내 글쓰기 실력은 생각보다 괜찮아'라는 자신감이 생겼다.

글 쓰는 사람이라는 정체성이 씌워지니, 현재와 과거의 경험, 심지어 아직 오지 않는 미래의 일까지도 모두 글의 소재로 보였다. 세상 모든 것에서 영감을 받고 나만의 것으로 만드는 일, 이건 마케터로서 가져야 하는 가장 기본적인 감각이자 필요한 자질이기도 하다.

내가 회사에서 본격적으로 마케팅을 담당하며 블로그, 뉴스레터 등의 콘텐츠를 생산하기 시작한 시점은 내가 브런치 작가가 된 이후의 시점과 겹쳤다. 아니, 브런치에서 시작된 글쓰기 덕에 자연스럽게 마케터가 되어갔다는 표현이 맞을 것이다. 광고 카피를 쓸 때나, 블로그 글을 쓸 때 이전보다 더 부드럽게 써지는 느낌이 들었다. 또한 어떤 글감을 가지고 써야 할지 아이디어도 쑥쑥 잘 떠올랐다. 타깃 고객의 니즈needs와 원츠wants를 파악하여 이를 매력적인 문장으로 만들어 공감을 이끌어 내고, 나아가 고객의 특정 행동까지 유도할 수 있는 콘텐츠를 생산하는 마케터라는 직업이 재미있었다.

브런치에 글을 꾸준히 쓰다 보니 종종 기회들이 찾아오는데, 한번은 취준생을 위한 직무 관련 콘텐츠 플랫폼으로부터 오디오 콘텐츠의 멘토로 섭외 제안을 받았다. 일반 강의, 글 형태의 콘텐츠가 아니라 오로지 목소리로만 이루어진 오디오 콘텐츠라는 점이 신경 쓰였다. '유명한 사람도, 잘 알려진 기업에 다니는 것도 아닌데 과연 목소리만으로 내 콘텐츠가 타깃에게 제대로 닿을 수 있는 걸까?'

그래도 크게 고민하지 않고 일단 도전하기로 했다. 오디오 콘텐츠 제작을 계기로 내가 담당하는 넓은 범위의 업무를 찬찬히 되돌아보면서 내가 하는 일이 명확히 무엇인지, 그 안에서 과연 나의 전문성은 무엇일지 고민해 보고 싶었다.

그리고 졸업 후 모두가 정답인 것처럼 달려가는 대

기업 외에도 스타트업이라는 선택지를 알려주고 싶었다. 스마트폰 보급과 모바일 앱 서비스의 급격한 성장으로 토스, 배달의민족, 당근마켓 등의 스타트업이 전통적인 기업보다 취업 시장에서 매력적으로 떠오르는 요즘이다. 내가 매일 마주하는 일상과 업무를 구체적인 실제 사례를 바탕으로 설명함으로써 주체적인 태도로 일할 수 있는 스타트업에서의 수평적인 조직 문화, 배울 점이 많은 동료 등의 장점을 전달하고 싶었다.

콘텐츠를 준비하면서 내가 마케터라는 직무에 굉장한 애정을 가지고 있다는 것을 깨달았다. 마케터는 단순히 물건의 판매를 촉진하는 사람이 아니라, 근본적으로는 사람의 마음을 움직이는 법을 끊임없이 탐구하고 실행하는 사람이다. 나는 사람들과 어울리는 것을 좋아하고, 호불호가 명확하며, 반복적이고 지루한 일을 싫어한다. 어쩌다 보니 마케터가 되었지만 곰곰이 생각해보니 내 적성과 이렇게 잘 맞는 직무는 없는 것 같다.

앞으로의 전망을 봤을 때도 마케터라는 직업의 전망

은 밝다. 인공지능, 자율주행 등 급격한 기술의 변화로 인해 없던 직무도 생겨나고, 있었던 직무는 사라지는 변화의 시기를 살고 있다. 그러나 마케팅은 인간이 살아있는 한 절대 사라지지 않는 직무라고 생각한다. 왜냐하면 인간은 니즈와 원츠를 가지고 있고, 이를 충족시키는 제품/서비스를 끊임없이 생산하여 판매할 것이기 때문이다. 앞으로 더 많은 사람이 마케터의 매력을 알았으면 하는 바람이다.

# 팀장이라는
# 왕관의 무게

🍀 둥글둥글 팀장의 일기 #5

요새 나의 한계에 대해서 많이 생각한다. 처음에 팀장 제안을 받고 너무 기쁘고, 위로 올라간다는 생각만 했는데 지금은 그것보다는 실무에서 더 탄탄한 경험을 쌓는 것이 중요한 시기라는 생각이 든다. 뭔가를 보여줘야 한다는 부담감 없이 내가 할 수 있는 선에서 최선을 다하며 차곡차곡 탄탄히 쌓아 나가자.

얼마 전부터 PT를 시작했다. 주 2회 꾸준히 PT를 받으며 느끼는 점은 운동만큼 성장하는 과정이 눈에 띄게 잘 보이는 것도 없다는 것이다. 처음에는 제대로 된 스쿼트 자세를 잡는 것도 어려웠는데, 자세가 어느 정도 되니 어깨에 바벨을 얹고 앉았다 일어났다를 반복하는 바벨 스쿼트로 넘어갔다. 처음에는 10kg 무게가 무거워 휘청거렸지만, 이제는 30kg 바벨을 어깨에 짊어지고도 끄떡없다. 운동을 하면 어제는 힘들었던 중량, 자세도 다음 날 다시 시도하면 어제보다는 진일보한 것을 실감한다. '일의 측면에서도 성장하는 모습이 이렇게 잘 느껴진다면 얼마나 좋을까.'

나는 성장에 목마른 부류의 사람이다. 무엇이든 스스로 경험하는 것을 중요하게 여기고, 처음부터 잘하지는 못하더라도 꾸준히 노력해서 앞으로 나아가는 과정을 즐긴다. 일과 관련해서 나의 아이디어와 실행으로 좋은 성과를 냈을 때, 사람과의 관계에서 주변의 누군가를 도와줬을 때 엄청난 성취감을 느낀다. 반대로 말하면 내가 잘하지 못했을 때, 주변 사람을 잘 챙기지 못할 때 무능력한 인간이라는 좌절감, 박탈감, 공허함을 크게 느끼는 사람이라는 뜻이다.

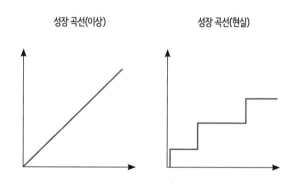

성장 곡선(이상)                    성장 곡선(현실)

운동을 하면서 내가 느꼈던 성장의 과정이 왼쪽 그래프와 닮아 있다면, 일하면서 느끼는 성장의 과정은 오른쪽 그래프에 가까운 것 같다. 한번 크게 성장하는 도약의 순간이 오기까지는 답보 상태인 것처럼 길고 긴 구간에 머무르는 느낌이다. 그리고 단계가 높아질수록 도약에 걸리는 시간은 더 길어지는 것만 같다.

## 팀장이 된 자, 그 왕관의 무게를 견뎌라

경력은 아직 3년 미만의 주니어지만 그래도 현재 회사 내에서 연차가 쌓이며, 팀장이라는 직책을 맡게 되고, 밑에 팀원도 생겼다. 최근에는 미국 진출 신사업팀의 업무도 맡게 되면서 정신없이 바빠졌다. 나라는 사람은 그대로인데 회사 내의 변화들이 빠르게 진행되면서 나에게 요구하는 능력, 판단의 기준도 이전보다 더 높아졌다. 그리고 그 격차로 인해 내 능력의 한계를 절실하게 느끼는 순간들이 자주 찾아왔다. 이렇게 벅차올랐던 순간은 내 일기장에 고스란히 기록되었다.

팀장이 되고, 챙겨야 할 일이 전보다 많아지면서 나름 구멍이 생기지 않도록 열심히 일하고 있는데, 이것보다 더 열심히 해서 무언가를 보여줘야 한다는 압박감 때문에 힘들고 부담스럽다. 고민을 아무리 해도 답은 하나다. 차라리 빨리 보여줘서 압박에서 빨리 벗어난다는 것.

처음에 팀장 제안을 받았을 때는 막연한 두려움도 있

었지만, 설레고 신나는 감정이 먼저 들었다. 회사에서 그만큼 나를 믿고 일을 맡긴다는 방증이었으니까. 그런데 막상 겪어 보니 그 당시의 나는 '팀장이 된다는 것', 이 문장의 현실적인 의미에 대해 십분의 일도 가늠하지 못했던 것 같다. 이렇게까지 혹독하고, 온갖 자아성찰을 하게 만드는 외로운 자리일 줄이야.

그래도 나는 성장에 목마른 사람인지라, 나의 일기는 괴로움을 토로하는 것에서 시작해 결국 특유의 긍정적인 사고로 승화되어 굳은 결의와 함께 마무리되는 패턴을 보인다.

오늘도 야근이 너무 하기 싫어서 7시 30분에 퇴근했는데, 균형이라는 것에 대해 갑자기 다른 시각으로 생각해봤다. 지금처럼 일과 내 삶의 철저한 균형을 지키는 것. 단기적으로는 좋을 수 있으나, 장기적으로 봤을 때 나의 크기는 그대로겠지. 그러나 지금 성과를 조금씩 입증해야 하는 이 시점, 열심히 일하다가 균형을 잃어도, 결국 다시 찾는 균형에서 나의 크기는 더 커졌거나 더 멀리 갈 수 있는 것이지 않을까. 몸이 상할 정도의 스트레스, 번아웃만 아니라면 일시적으로 균형을 잃어도 나중에 조금만 쉬면 금방 회복할 수 있을 것이다.

10년 넘게 써오고 있는 일기로 단련된 덕에 평균 이상의 단단한 멘털을 가지고 있다고 생각했다. 그런데 팀장이 된 이후부터는 다른 게 아니라 멘털 관리를 정말 잘하는 것이 중요하다는 생각이 들었다.

하루 중 분명 잘한 것도 있고, 부족한 것도 있다. 그 안에서 소소하게 행복했던 기억도 잘 기록하고 떠올려야 한다. 그렇지 않고 내가 부족했던 것에 몰두하여 하루 전체, 나 자신을 깎아내려 봤자 더 나은 내일이 오지 않고, 나의 발전도 없다.

현재의 상황이 힘들고, 답답하더라도 내 성장 곡선의 다음 도약이 오는 그날을 위해 나는 멈추지 않고 노력해야 한다.

# 초보 팀장의
# 1:1 활용법

🌀 둥글둥글 팀장의 일기 #6

오전에 갑자기 대표님과의 면담이 잡혔다. '내가 요새 일이 많아서

힘들어하는 것 다 안다고. 이럴 때일수록 필요한 건 팀원을 잘 키워서

내 일을 맡기고, 다른 경쟁사들은 어떻게 하고 있는지, 잘 먹히는 콘텐

츠가 뭔지 열심히 공부하는 것'이라고 말씀해주셨다.

달라진 건 없지만 이렇게 내가 힘들어하는 걸 바로 대표가 알아챘다

는 사실 자체로 슬럼프에서 해소되고 기운이 났다. 팀원들에게도 내가

같은 역할을 해줘야 한다는 것을 잊지 말자.

회사에 입사한 지 1년 정도 되었을 때의 일이다. 갑자기 대표님과의 면담이 잡혔다는 구글 캘린더 알람이 왔다. 갑자기 심장이 쿵쾅거렸다. 본능적으로 겁이 나면서 지난날의 나의 말과 행동을 되돌아보게 된다.

'뭐지? 내가 뭘 잘못했나?'

## 1:1, 혼나는 자리가 아닌, 더 잘하기 위한 자리

면담을 하면서 내가 무슨 말을 내뱉을지보다는 대표님이 내게 무슨 말을 할지에 온 신경이 쏠렸다. '잘한 것에 대해서는 칭찬을 해주고, 잘못한 것에 대해서는 쓴 조언을 해주시겠지.' 달게 들을 마음의 준비를 하고 회의실에 들어갔다. 회의실 안에 있는 대표님은 생각보다 온화한 표정이셨다. '휴, 다행히 내가 뭘 잘못한 건 아닌가 보다.'

"요즘 일 어떠세요?"

(잉?)

긴장한 내 마음을 단번에 무장해제하는 말이었다. 준비되지 않은 상태에서 처음엔 당황했지만 그러나 곧 업무를 진행하면서 가졌던 애로사항, 그리고 회사가 나아가는 방향에 대해 궁금했지만 차마 대표님에게 직접 묻지 못했던 여러 가지 궁금증을 쏟아냈다.

대표가 이렇게 면담을 잡은 것은 '내가 요새 힘들어 보였기 때문'이라고 했다. 대표의 눈은 정확했다. 입사한 지 만 1년이 되어 가던 시기의 나는 기존에 하던 업무에 익숙해져 큰 노력을 들이지 않고 할 수 있게 되면서 약간의 권태감을 느끼던 참이었다. 동시에 새로운 업무들이 밀려들면서 새로운 업무를 배우는 것에 지치고 '좀 편하게 일하고 싶다'라는 마음이 공존하는, 약간의 슬럼프를 겪고 있었다.

사실 나는 용수철 같은 회복 탄력성을 가진 사람이라 이런 자리가 없었어도 어떻게든 슬럼프에서 빠져나왔을 것이다. 조금 시간이 걸리긴 했겠지만. 하지만 이렇게 대표가 나의 상태를 알아보고 마련해준 기회를 통해 나도 미처 몰랐던 애로사항을 알아차릴 수 있게 되었다. 그리고 면담의 끝에 뾰족한 해결책이 제시된 것도 아니었지만 그저 내 이야기하는 자리가 마련된 것만으로 복

잡혔던 마음이 깔끔하게 비워지고, 그 안에 새로운 에너지가 가득 차는 느낌이었다.

1:1은 잘못한 일에 대해 혼나면서 탈탈 털리는 자리가 아니다. 초심을 잃었거나, 회사가 가고자 하는 방향성과 괴리가 생기거나, 수동적인 태도가 되어 가고 있다면 원래의 궤도로 돌아와 다시 활활 타오를 수 있게 만들어주는 기회다. 내가 이렇게 면담을 통해서 스스로를 되돌아보고 에너지를 얻었던 것처럼 나도 내 팀원들에게 이런 역할을 하는 팀장이 되고 싶다.

## 초보 팀장의 첫 1:1

팀장으로서 첫 팀원 1:1은 예상치 못한 순간에 왔다. 금요일 퇴근 30분 전이었다. 슬슬 하던 업무를 마무리하고 있는데 디자이너 D가 '지금 잠깐 이야기할 수 있을까요?'라고 개인 메시지를 보내왔다. 두근두근 심장이 갑자기 빠르게 뛰기 시작했다. '갑자기 뭐지? 그만둔다는 걸까?' 자리에서 일어나 회의실로 가는 찰나의 순간에도 온갖 생각이 빠르게 지나갔다.

"지금 하고 있는 업무도 재미있지만, 앞으로도 이 업무만 계속한다면 제 성장에 한계가 있을 것 같다는 생각이 들어서요. 회사의 성장에도 도움이 되면서 저도 성장할 수 있는 일을 하고 싶은데, 어떤 일을 할 수 있을까요?"

일단 그만둔다는 이야기는 아니어서 한시름 놨다. 수동적으로 회사에서 주어지는 업무만 하는 것에 그치지 않고, 본인의 성장을 고민하는 이 친구가 참 기특했다. 그러나 이 팀원의 고민은 초보 팀장으로서는 그 순간에 임기응변으로 답변하기는 너무 어려운 것이었다. 회사와 개인이 윈-윈Win-Win하는 지점을 찾아야 하기 때문에 섣불리 다른 업무를 만들어서 이 친구에게 할당할 수는 없는 노릇이었다.

무엇이라도 내가 도움이 되고 유익한 조언을 해줘야 한다는 책임감에 이런저런 이야기를 쏟아내기는 했는데, 횡설수설만 하고 면담이 종료된 느낌이었다. '좋은 팀장되기는 아직도 멀었다'라는 자괴감이 들었다.

## 1:1을 통해 팀원의 신뢰 얻기

팀장이 된 지 1년이 지났을 때는 1:1을 통해 팀원들의 신뢰를 얻는 팀장으로 레벨업할 수 있게 된 것 같았다. 입사한 지 얼마 안 된 경력직 디자이너 K는 겉으로는 강단 있는 태도를 가지고 있어 보이지만 실제로는 타인의 감정을 엄청 살피는 쿠크다스 같은 여린 심성을 가진 팀원이다.

회사에서 미국 쪽 사업을 활발하게 확장함에 따라 K는 미국을 타깃으로 하는 광고 크리에이티브를 제작하는 작업에 투입되었다. 때문에 자연스레 미국인 팀원 B와 함께 일하는 경우가 잦아졌다. 평소에 내가 기획을 맡고 K가 제작을 맡았을 때는 기획서와 간단한 구두 설명만으로도 부드럽게 작업이 진행될 수 있었다. 그런데 B와 일할 때는 유독 불필요한 티키타카가 많은 것 같아 보였다. 아무래도 영어로 의사소통을 해야 하니 기획 의도를 파악하는데 평소보다 시간이 조금 더 걸릴 수 있다. 또 B와 업무 핏을 맞춰가는 과정에서 자연스럽게 초반에는 속도가 느려질 수 있는 문제 정도로 생각했다.

그런데 1:1을 통해 K가 B로 인해 상당한 스트레스를 받고 있다는 것을 알게 되었다. 영어 소통도 어렵지만, B가 전달하는 기획서가 엉성하고, 그리고 마치 디자이너를 도구처럼 부리는 듯한 태도가 느껴져서 힘들다고 했다. 이로 인해 받는 스트레스 때문에 다른 업무의 생산성에도 영향을 끼칠 수 있었다. 더 나아가 조직에 적응해야 할 황금 같은 3개월이라는 기간 동안 단단히 뿌리를 내리지 못하는 문제로 이어질 수 있다는 경각심이 들었다.

더 이상 한 걸음 뒤에서 방관하지 않고, 내가 조금 더 적극적으로 나서기로 했다. B에게는 디자이너에게 작업을 맡길 때 필요한 기획서의 가이드라인을 공유했다. 그 뒤 K와 B 사이에 핑퐁이 오고 가는 것이 포착되면 그 자리로 달려가 효율적으로 작업이 진행될 수 있도록 중간에서 조율하는 역할을 했다. 내가 이런 해결사 역할을 한 뒤 나를 바라보는 K의 눈에서 꿀이 뚝뚝 떨어지는 것처럼 느껴졌다.

## 1:1 더 잘하기

1:1에서 가장 중요한 것은 내가 말하는 비중은 줄이고, 팀원의 이야기를 온전히 듣는 것이다. 이렇게 팀원의 이야기에 귀를 기울이면 내가 미처 몰랐던 팀원들의 애로사항을 파악하게 되고, 적절한 시점에 개입하여 문제를 해결할 수 있게 된다. 내가 개입하여 해결할 수 있는 일이면 내가 직접 하고, 내 힘이 닿지 않는 일이면 대표나 본부장에게 이를 전달해서 개인의 의견이 조직의 수뇌부에 전달되어 변화가 있을 수 있도록 기름칠을 하려고 한다.

지금까지는 딱히 큰 이슈가 없는 이상 팀원들과 1:1을 진행하지는 않았다. 1:1을 통해 굳이 잘하고 있는 사람들의 시간을 뺏을 필요가 없다고 생각했기 때문이다. 그러다 이 글을 쓰기 위해 과거의 일기장을 들춰 보다가 대표와 1:1을 하는 기회를 갖지 못해서 서운한 마음을 느꼈던 2년 전의 나를 발견했다.

신규 입사자들은 1:1을 진행하는데, 정작 내 순서는 건너뛰었다. 이것이 내가 잘하고 있기 때문에 딱히 터치할 것이 없어서 그런 것인지, 아니면 별로 기대하는 것이 없기 때문에 그런 것인지 잘 모르겠다. 나는 내가 잘하고 있는 건지 모르겠다. 잘하고 있는 거면 그렇다고, 잘하지 못하고 있는 거면 더 잘하라고 이야기해주면 좋겠다.

대표의 입장에서는 내가 맡은 업무를 잘하고 있어서, 회사가 가고자 하는 방향성을 잘 이해하고 있어서 필요가 없다고 생각하여 1:1을 진행하지 않은 것일 수도 있다. 하지만 당시에는 괜히 서운한 마음이 들었다. 나의 퍼포먼스에 문제가 없더라도, 조직에 갓 입사하여 새로운 업무를 배우는 신입으로서 내가 과연 잘하고 있는지 확인받고 싶었다. 그리고 이런저런 나의 이야기를 전달할 수 있는 사적인 시간을 가지고 싶었는지 모른다.

1:1이 활발하게 이루어지는 미국의 실리콘밸리 기업에서는 최소 일주일에 한 번 1:1을 진행할 것을 권장하고 있다고 한다. 1:1을 시스템화하여 성장에 필요한 비

료와 거름을 제때 줘서 더 성장할 수 있는 기회를 만들고, 잠재적인 병목 현상을 미리 발견하고 해결하기 위함일 것이다.

그 누구도 소외감을 느끼지 않도록, 서로를 신뢰하며 탄탄하게 일할 수 있는 팀 문화 조성을 위해서 정기적인 1:1 문화를 도입하는 것도 방법이겠다.

# MBTI별 적합한
# 리더십 스타일

🌸 둥글둥글 팀장의 일기 #7

회식 중에 팀원들이 나한테 '고맙다. 배우는 점이 많다'고 말해줘서
뿌듯했다. '실수를 많이 하는데도 친절하게 너무 잘 알려줘서 오히려
그 모습 때문에 더 잘해야겠다고 하는 다짐을 했다'고.

"MBTI가 어떻게 되세요?"

우리 회사에 신규 직원이 입사하면 반드시 물어보는 질문이다.

우리 회사에는 MBTI 신봉자들이 많다. 오죽하면 회사 전체 직원들의 사진과 함께 MBTI 유형을 표기한 MBTI 지도가 있을 정도이다. 이 지도는 신규 직원이 들어올 때마다 주기적으로 업데이트된다. 신기한 건 이렇게 전체 구성원의 MBTI 유형을 한 곳에 표기해 놓으니 우리 회사의 전반적인 분위기와 조직 문화가 객관적으로 보인다는 것이다.

우리 회사의 MBTI 지형은 ENTP(재기발랄한 활동가)와 ENFP(논쟁을 즐기는 변론가) 양대 산맥으로 구분된다. 정말 신기하게도 ENFP에는 콘텐츠 팀장인 나를 비롯하여, 감성적인 성향의 콘텐츠 팀원들이 많이 속해 있다. ENTP에는 대표님부터 시작해서, 프론트엔드 개발 팀장, 전략 실장, QA(품질보증) 등 이성적인 성향, 논리적 사고가 필요한 직무를 수행하는 사람들이 속해 있다.

한국은 인구 비중으로 따지면 ISTJ, ESTJ, ISFJ로 대표되는 관리자형이 전체 비중의 1~3위를 차지한다는데, 정작 우리 회사에서 관리자형의 비중은 적은 편이다.

여기서 주목할 점은 대다수 구성원의 MBTI 마지막 유형이 'P'라는 것이다. P는 인식형Perceving의 약자로 판단형Judging과 반대되는 유형인데, P를 가진 사람들은 주로 상황에 따라 융통성 있게 대처하는 개방적인 성격을 가지고 있다. 이러한 특성은 우리 조직 문화에서도 잘 드러난다.

'Think while acting.'

어떤 상황이 주어졌을 때 오래 고민하고 생각하는 것보다 곧바로 실행에 옮기는 것이 업무 정석으로 여겨진다. 반면, 고질적으로 취약한 부분은 내부 문서 아카이빙이다. 효율적인 커뮤니케이션 기반의 빠른 액션을 중요시하다 보니 여러 정보, 문서가 목적에 따라 한 곳에 분류되어 있지 못하고 슬랙(사내 메신저)에 흩어져 있다. 자료를 정리하는 데 시간을 쏟기보다는 일단 빠르게 만들어서 공유하고, 액션을 취하는 것을 더 중시하는 회사

문화가 자연스럽게 만들어 낸 유산이다.

나는 재기발랄한 활동가들이 모여 있는 콘텐츠팀을 이끄는 ENFP의 선봉장이다. 격주로 진행되는 콘텐츠 팀 회의는 물개박수로 시작해서 물개박수로 끝나며 시종일관 분위기가 화기애애하다. 회의에서는 주로 동영상 콘텐츠, 이메일 마케팅 등 주제별로 각자 조사한 사례를 발표하고, 이를 바탕으로 우리 서비스를 홍보할 마케팅 아이디어를 고민하는데 우리 팀 회의할 때만큼은 마음이 참 편하다.

누구 하나 회의적이고, 비판적인 시선으로 코멘트를 주는 사람 없이 다른 사람의 의견을 경청하려는 태도가 지배적이기 때문이다. 그리고 다른 사람의 감정이 상하지 않도록 둥글둥글한 피드백을 주고받는다. 이렇게 편한 분위기에서 논의를 진행하다 보니, 다른 사람의 기발한 생각들이 더해져 더 나은 아이디어로 발전되는 경우도 많다. 비슷한 성향을 가진 사람들이 모여 만드는 특유의 팀 분위기 덕분에 나의 부족한 면들이 마찰을 일으키지 않아 참 다행이라 생각한다.

내가 맡은 일정 부분의 실무도 놓치지 않고 잘하면서 팀원들의 능력이 향상될 수 있도록 이끌고, 동시에 팀원들의 마음을 따스하게 잘 살펴주고 싶은 욕심이 컸다. 하지만 안타깝게도 나는 전지전능하지 않다. 부족함이 많다는 것을 인정하는 것이 차라리 마음이 편했다. 그래서 내가 잘하는 것이면서도, 팀장으로서 중요한 능력 하나라도 잘하자고 마음먹었다.

　'나는 어떤 팀장이 되어야 하는가?' 자문했을 때, 팀원들의 MBTI 성향을 파악하자 내가 나아갈 방향이 보였다. 논리적이고 계획적으로 일을 처리하고 진행하는 것보다 결론에 도달하기 위한 과정을 즐길 수 있는 팀 분위기를 만드는 것. 아이디어를 자유롭게 공유하고, 새로운 배움을 실제 업무에도 적용해 개인과 비즈니스의 발전으로 발돋움할 수 있는 기회를 만드는 사람이 되고자 했다. 개인적인 재미에서, 더 나아가 팀장 역할을 잘 수행하는 데도 MBTI 덕을 어느 정도 본 셈이다.


　얼마 전 팀원들과 오붓이 와인을 즐기는 자리가 있었

다. 팀원 중 한 명이 내가 평소에 주는 둥글둥글한 피드백이 참 감사하다고 했다. 실수했을 때 날카로운 채찍 같은 피드백보다는 오히려 이런 둥근 피드백들이 더 각성하게 만들고, 열심히 하고 싶은 동기부여가 된다고.

사적인 자리에서 팀원에게 직접 듣는 진심 어린 말이라 참 뭉클했다. 조직에 따라, 같이 일하는 동료의 성향에 따라 나의 리더십은 상이한 평가를 받을 수 있다. 하지만 적어도 내가 속한 이곳에서는 좋은 영향을 발휘하고 있는 것 같아 다행이다. 앞으로도 더 당당한 재기발랄한 ENFP 팀장이 되어도 되겠다.

# 초보 팀장의
# 시간 관리법

❀ 둥글둥글 팀장의 일기 #8

아, 팀장이 되니 팀원들 봐주느라 일과 시간에 정작 내 일을 할 시간이

없다….

팀장 타이틀을 달고 팀원들이 하나둘 들어오기 시작했던 왕초보 팀장일 때의 내 모습을 회상하면 무언가에 쫓기는 듯 정신없는 모습의 느낌이 강하다. 이제 막 합류해서 우리 회사의 문화에 적응하며 업무를 차근차근 배워가는 팀원들에게는 섬세한 티칭과 코칭이 필요했다. 그리고 우리 팀이 관여하는 일의 범위가 넓어지며 자연스럽게 메신저에서 나를 태그하는 건수가 많아졌다. 빠르게 판단하고 팀장으로서 결정을 내리는 일이 많아지니 책임감과 부담감을 느꼈다.

정신없이 업무를 처리하는 와중에도 그래도 스스로에게 약속한 건 내가 담당한 일보다는 팀원의 일을 가장 우선순위에 두고 일하는 것이었다. 그렇게 업무 시간 중에 팀원들의 컨펌 요청을 검토하며 피드백을 주고, 타 팀의 요청 사항을 우선적으로 처리하고 나면 어느덧 퇴근 시간이 다가왔다. 그때부터 내 일을 해야 했는데, 이미 기진맥진한 상태가 되어 제대로 집중할 수 없었다. 그렇게 내일의 나를 믿으며 업무를 미룬다. 하지만 그다음 날 업무 시간에는 또 팀원들 업무를 봐주느라 정작 내 업무에 집중할 시간은 없고…. 악순환의 연속이었다. 나로 인해 그 어떠한 구멍도 만들지 않기 위해 바쁘게 일은 하지만 뭔가 계속 놓치고 있는 듯한 찝찝한 느낌이 들었다.

많다 못해 흘러넘치는 업무를 해결하기 위해 그 당시 시도한 방법은 업무 생산성 툴 노션Notion으로 투-두 리스트To Do List를 작성하는 것이었다. 출근하자마자 노션 앱을 켜고 그날의 업무 리스트를 작성했다. 완료된 업무에 대해서는 그때그때 체크하고, 오후 5시(퇴근 2시간 전)에 다시 확인했을 때 현실적으로 끝내기 어려운 업무는 내일 또는 차주로 옮겼다.

확실히 처리해야 하는 모든 업무를 밖에 꺼내놓고 차근차근 지워나가듯이 일을 하니 시간을 더 효율적으로 활용하고 빠뜨리는 일도 줄어드는 것 같았다.

그런데 과연 정말 팀장으로서 내가 시간을 '잘' 쓰고 있는지에 대해서는 여전히 의문이었다. 그때 한 줄기 빛처럼 한 동료가 메신저에 자신이 시간 관리하는 데 도움이 되었다며 퍼블리Publy의 아티클 하나를 추천해줬다.

'읽고 실천하는 중인데 도움이 되었다', '저도 해보겠다' 등등의 댓글들이 스레드Thread에 빠르게 달렸다. 회사가 빠른 속도로 성장하는 과정에서 다른 중간관리자들도 비슷한 고민이 있는 것 같았다.

[영향력을 극대화하는, 팀장의 시간 관리 by Mark] 아 티클은 재량적 리더십discretionary leadership에 대해 이야기하 는데, 자신의 업무에 특성을 구분해 어떤 업무에 더 많은 시간과 노력을 기울일지를 결정할 재량을 강조했다. 재량적 리더십 모델에는 4개의 업무 박스가 있다.

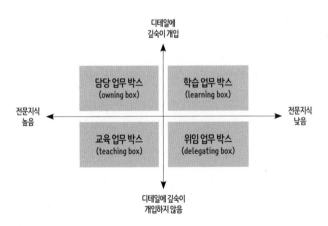

- **담당 업무 박스**: 리더가 충분한 전문 지식을 갖고 디테일에 깊숙이 개입해야 하는 업무로, 리더가 직접 수행하는 핵심 업무

- **교육 업무 박스**: 리더가 충분한 전문지식을 갖고 있지만, 디테일에 깊숙이 개입할 필요가 없는 업무로, 수행 가능한 직원에게 지침과 피드백을 주며 이관하는 업무

- **학습 업무 박스**: 리더가 향후 디테일에 깊숙이 개입해야 하는 업무지만 현재 리더의 전문 지식을 넘어서는 새로운 분야의 업무로, 학습한 이후에 담당업무 박스로 이동하게 되는 업무

- **위임 업무 박스**: 리더가 전문이 아닌 분야로, 필요한 역량을 가진 직원에게 전적으로 위임하고 리더는 진행 상황을 모니터링 정도만 하는 업무

출처: 영향력을 극대화하는, 팀장의 시간 관리 by Mark

4분면을 구분하는 기준은 해당 분야에서 전문 지식이 높은지 여부와 디테일에 깊숙이 개입하는지 여부인데, 재량적 리더십 모델을 선구적으로 도입한 애플의 경우 담당 업무 40%, 학습 업무 30%, 교육 업무 15%, 위임 업무 15%의 비중을 이상적이라고 본다고 한다. 과연 내

가 실제 담당하는 업무를 이 모델에 대입해보면 어떤 모양이 그려질지 궁금해졌다.

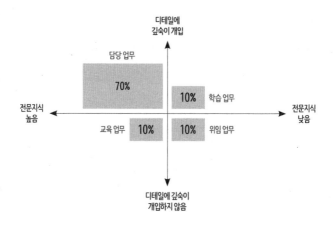

최근 진행 중인 주요 프로젝트와 내가 신경을 쓰고 일들을 쭉 리스트업하고, 해당 업무에 쏟는 시간을 얼추 계산하니 내가 높은 전문 지식을 가지고 디테일에 깊숙이 개입해야 하는 담당 업무의 비중이 무려 70%에 달했다. 반면 학습 업무에는 10%라는 상대적으로 너무 적은 시간을 쏟고 있었다. 한편 업무 분장이 명확하고, 모

든 팀원이 각자의 영역에서 자율적으로 일하는 팀 체계를 갖춰가던 때라서 교육 업무와 위임 업무에 들어가는 10% 비중은 적당한 수준이라고 판단했다.

매일 마주하고 있는 업무를 시각화하니 내가 처한 상황을 직관적으로 파악할 수 있었다. 딱 봐도 담당 업무의 비중이 과대했다. 실무가 많으면 매일매일 그 업무들을 우선적으로 처리하느라 주변을 잘 돌아보지 못하는 법이다. 왜 내가 항상 여유가 없고 중요도가 낮은 담당 업무를 처리하는데 급급했던 원인을 이제야 알았다.

학습 업무의 비중이 적은 것이 내가 해결해야 할 주요 문제점으로 보였다. '당장의 업무에만 몰두하느라 큰 그림을 놓치고 있던 것이 아닐까?' 하는 반성이 들었다. 콘텐츠팀 팀장으로서 실력을 키우고, 우리 회사가 속한 업계가 나아가는 방향을 파악하고 이에 맞는 전략을 세울 수 있으려면 학습 업무 비중을 지금보다 더 늘려가야 할 것이다. '그러기 위해서는 내 담당 업무의 일부를 팀원에게 위임해서 시간을 확보하는 것이 먼저겠지?' 곧 4개의 업무 박스 비중에 대규모 지각 변동이 찾아올 것 같다.

# 착한 팀장의
# 비극

♧ 둥글둥글 팀장의 일기 #9

입사 2주년을 맞이하여 평가가 이루어졌는데 꽤나 좋은 평가를 받은

것 같다. 더 잘하기 위해서 앞으로의 과제는 더 날카로운 감각을 가지

고 한정된 리소스로 최선의 결과물을 낼 것.

너무 긍정적이고 둥글둥글하기만 한 사람보다는 발전을 위한 깊이 있는

피드백을 팀원들에게 주고 전체적으로 더 뛰어난 성과를 낼 수 있는 사

람이 되어야 한다.

인생 나이 서른 살, 살면서 꾸준히 가져온 나의 단점은 남에게 쓴소리를 잘하지 못한다는 것이다. 운전할 때 이런 특성은 더욱 두드러지게 나타난다. 신호등 불이 빨간색에서 초록색으로 바뀌었는데도 출발하지 않는 앞차, 바로 앞에서 무리하게 차선을 변경하는 차가 있어도 클락션에 손이 잘 가지 않는다. '내가 조금 기다리면 되는데, 내가 브레이크 밟고 속도를 줄이면 되는데, 저들도 저들만의 사정이 있겠지.'

그런데 나의 배려심으로 클락션을 울리지 않았다고 칭찬받는 건 결코 아니다. 출발하지 않는 앞 차를 계속 기다리다가는 뒤에 있는 다른 차들에게 피해가 되고, 만일 사고라도 난다면 위험할 수 있는 상황에서 아무 조치도 취하지 않은 나에게 책임을 물을 수 있다. 빵빵 울린 클락션으로 상대방을 놀라게 하고, 잠깐 기분을 나쁘게 할 수는 있어도 적절한 때 울리는 클락션은 더 큰 사고로 번지는 것을 예방할 수 있는 좋은 방법이다.

불필요하게 넘쳐나는 배려심으로 쓴소리를 잘하지 못하는 나의 특성은 일터에서도 고스란히 드러난다. 팀원이 작업한 결과물이 기획안과 다르고 기대에 미치지 못해도 최대한 팀원의 기분이 상하지 않도록 부드럽게 에둘러서 표현하는 편이다. 예를 들어 이런 식이다.

"음~ 잘 만들어주신 것 같네요! 전체적으로 크게 문제가 있는 건 아닌데 타깃 고객들에게는 조금 임팩트가 약할 것 같아서요. 몇 군데만 좀 수정하면 나아질 것 같은데, 다시 작업해주실 수 있을까요?"

결과물이 만족스럽지 못하더라도 일단 처음에는 상대방의 수고에 대한 마음을 표현하기 위해 칭찬을 깔고, 그 후에 내가 진짜 하고 싶은 말들을 조금씩 살을 붙여서 하는 식이다. 다른 팀과 협업할 때도 마찬가지다. 그런데 가끔은 내가 싫은 소리를 하지 못하고 뭐든 긍정적으로 넘기다 보니 내가 호구처럼 느껴져서 답답할 때가 있다. 이런 나의 수용적인 태도 때문인지 다른 팀에서 우리 팀이 하는 일의 중요성과 전문성을 낮게 보고 애매한 일을 던지는 것 같아 기분이 나쁠 때도 있었다.

내가 갓 들어온 신입이라면 몰라도, 팀장으로서 쓴소리를 하지 못한다는 것은 치명적 단점일 수 있다. 단순히 팀원들의 작업에 대한 피드백 수준이라면 괜찮을 수는 있어도 외부 파트너와의 계약 등 복잡한 이해관계가 얽힌 상황에서 회사를 대변하여 제대로 대응하지 못한다면 회사의 이익이나 팀원들의 업무에도 큰 피해를 미칠 수도 있기 때문이다.

한번은 이런 착한 팀장의 딱지를 떼어내기 위해 내가 주재하던 팀 회의에서 목소리를 낸 적이 있었다. 마케팅 아이디어를 얻기 위해 특정 주제를 바탕으로 각자 조사한 사례를 돌아가면서 발표하던 자리였다. 그런데 기발하고 좋은 사례였지만 실행 가능성이 떨어지고, 우리 회사의 브랜드와 현재의 상황에 맞지 않는 사례를 주로 조사해온 팀원이 있었다. 배가 바다가 아니라 산으로 가고 있다는 느낌에 그 자리에서 피드백을 바로 전달했다. 적절한 상황에서 필요한 말을 한 것 같은데, 굳어가던 팀원의 표정이 내내 신경 쓰였다. '아, 내가 너무 꼰대스럽게 말을 했나?' 자문하며 괴로웠다.

팀원들에게 일일이 캐묻고, 피드백을 바로바로 전달

하는 것은 마이크로 매니징하는 것 같고, 그렇다고 뭐든 오케이 하며 딱히 터치를 안 하자니 방임하는 것 같고. 호구와 꼰대 양극단 사이에서 어떻게 균형점을 찾아야 할지 막막했다.

이러한 고질병을 앓고 있는 내게 넷플릭스의 기업 문화를 담은 《규칙 없음》 책은 피드백에 대한 나의 생각 자체를 바꿔줬다.

이 책에 의하면 잘못을 지적해주는 피드백이 긍정적인 피드백보다 성과를 향상시키는 데 도움이 됐다고 밝힌 사람이 그렇지 않은 사람들보다 3배는 더 많았다고 한다. 일을 제대로 하지 못한다는 말을 들으면 먼저 기운이 빠지고 불쾌해진다. 하지만 시간이 조금 지나면 이 피드백이 정말 도움이 된다고 생각을 고친다고 한다(《규칙 없음》에서).

넷플릭스는 불필요한 규칙을 다 없애고, 정말 중요한 몇 가지 원칙만 남겼는데 그중 한 가지 원칙이 '항상 정직하라'이다. 들어온 지 얼마 안 된 직원이라도 CEO 및 매니저에게 가감 없는 피드백을 먼저 전달할 수 있다. 이것이 가능한 이유는 피드백을 주고받는 목적이 개인과 조직의 성장과 발전이기 때문이다. 피드백을 전달함으로써 더 나은 결과를 가져올 수 있는 것을 알고 있었는데도 솔직하지 않았다면 이는 책임을 다하지 못한 것으로 간주되어 넷플릭스에서는 일자리를 잃게 될지도 모른다.

생각해보면 칭찬이 아니라 잘못된 것에 대해 지적을 하는 것 자체를 꼰대라고 여겼던 내 생각부터 틀렸던 것 같다. 피드백은 상대방의 기분을 고려하여 전달하는 것이 아니라, 개인과 조직의 성장과 발전이라는 선의가 기준이 되어야 한다.

들었을 당시에는 충격적이고 괴로웠지만 사회생활을 하는 데 있어 정말 큰 도움이 되었던 피드백 하나가 떠오른다. 7년 전, 한 비영리 재단에서 인턴으로 첫 사회생활을 경험할 때였다. 당시의 나는 스물세 살, 정말 멋 모르던 대학생이었다. 함께 일하는 팀장님, 사수 모두 좋은 분들이었고, 다른 직원분들도 친절하게 나를 대해주었다. 대학생 인턴이라면 모름지기 싹싹해야 한다는 생각이 박혀 특유의 친화력으로 다른 직원들에게 먼저 다가갔고, 다들 잘 받아주었다. 그런데 이런 직원들의 호의에 취한 나머지 인턴으로서 지켜야 하는 선을 종종 넘었나 보다.

토요일 외근을 끝내고, 우리 팀을 지원하기 위해 나와 준 주임 H와 같이 버스를 타고 집에 가는 길이었다.

손잡이를 잡고 나란히 서서 가는데 H가 "재선 씨가 제 친동생이랑 나이도 같아서 그런지 동생같이 느껴져서 그러는데, 솔직하게 말해도 될까요?"라고 말을 건네왔다. 그러면서 부적절했던 지난날의 나의 말과 행동들을 당시의 상황을 구체적으로 묘사하며 지적했다. H주임이 내 사수 J에게 한 농담에 내가 엄청 크게 웃었던 일, 입사한 지 얼마 되지도 않았는데 선임들에게 휴가 계획을 물어보면서 나도 휴가를 가고 싶다고 말한 것 등.

지적을 당했을 때 정말 심장이 멈춘 것처럼 큰 충격을 받았다. '내가 저런 말과 행동을 했던 것도 기억이 잘 나지 않는데, 이분은 하나하나 모두 마음에 담아두고 있었구나.' 앞에서는 아무렇지 않은 척, 말해줘서 고맙다고 감사 인사를 했지만 집에 돌아와서도 충격받은 마음이 진정되지 않아 한 시간 동안 아무것도 하지 못하고 멍때리고 있었다.

H주임이 내게 지적했던 것들은 지금 보면 사실 업무에 관련된 피드백이기보다는 꼰대스러운 피드백에 가깝긴 하다. 하지만 그날 버스에서 들었던 피드백은 대학 생활과 사회생활이 다른지 모르고 멋모르게 행동했던 어린 나의 태도를 반성하게 했고, 나의 말과 행동을 바꾸게 해준 큰 전환점이었다. H의 피드백 덕분일까, 이후 다른 회사에서 인턴십을 할 때는 또래에 비해 어른스럽다는 칭찬을 선임으로부터 종종 받았다.

그때 가감 없는 쓴소리를 내게 해준 H 주임에게 참으로 감사하다. 그때 버스에서 쓴소리를 듣지 않았더라면, 어떤 길을 걸어왔을까 생각하면 아찔하기도 하다. 누군가에게 쓴소리를 하는 것은 기본적으로 불편하고 어렵다. 하지만 그렇다고 상대방의 기분을 배려한다는 핑계로 좋은 방향으로 개선하고 변화할 수 있는 기회를 놓쳐서는 안 될 것이다. 나도 누군가에게는 H주임이 되어야 한다.

# 팀장의
# 바람직한 겉모습

🍀 둥글둥글 팀장의 일기 #10

후… 아무래도 ENFP는 좋은 리더가 되기에는 적합한 체질은 아닌 것

같다. 그래도 나름 노력하고 있다. 최대한 담백하게, 내 말이 무겁게

들리기 위해서 사소한 언어, 행동까지도 의식하려고 한다.

상대적으로 적은 연차와 어린 나이에 팀장이 되면서 사소하게 다짐한 것이 있었다.

'친근하고, 다가가기 쉬운 사람이 될 것!'

워낙에 활발하고, 사람들과 어울리는 것을 좋아하는 사람인지라 팀장이 되었다고 굳이 무게 잡을 필요 없이 나의 장점을 더 잘 살리면 좋겠다고 생각했다. 그러기 위해 주로 슬랙Slack이라는 메신저를 통해 이루어지는 비대면 커뮤니케이션에서 내가 지향한 보이스앤톤은 친절함과 부드러움이었다.

개인적으로 딱딱한 커뮤니케이션은 굳이 신경 쓰지 않아도 될 부분까지 신경을 쓰게 해 감정을 소모하게 만드는 측면이 있다고 생각했다. 누군가에게 아무런 이모지 없이 건조한 어투로 요청을 받을 때 순간 급 기분이 안 좋아진다거나, '저 사람이 지금 나한테 화가 났나?' 스스로 되물어 보게 되는 경우가 있었기 때문이다.

참고로 슬랙은 이모지를 통한 커뮤니케이션이 자유로운 메신저인데, 최근 어도비adobe가 발표한 보고서에 따르면 직장 내 소통에서 이모지를 사용하면 협력 도모에 긍정적인 영향을 미치고, 이모지를 사용하는 동료에게 더 호감을 느꼈다고 답한 응답자가 무려 71%에 달했다고 한다.

그런데 최근 팀 사이즈가 커지면서 다른 팀에게 협조 요청을 하거나, 반대로 업무 요청을 받는 일이 많아지면서 '팀장으로서 나의 보이스앤톤이 너무 가벼운 것은 아닌가' 반문하게 되었다.

수평적인 조직에서 일하고 있어서 평소에 후드티에 청바지 등의 편한 복장을 주로 입다가 팀장으로 승진한 뒤 셔츠, 재킷을 입는 등 출근룩 스타일링을 바꿨다는 지인의 이야기가 갑자기 떠올랐다. 그때는 '굳이 그렇게까지 해야 하나?' 생각하며 흘려 들었는데, 다시 생각해 보니 아주 현명한 처사였다.

결혼식 참석, 데이트, 운동 등 때와 장소에 맞는 드레스코드가 있듯이, 직장에서도 팀장에 걸맞은 겉모습이 있겠다는 생각이 들었다. 너무 당연한 사실인데 워낙 수평적이고 복장 규정이 자유로운 스타트업에서 오랫동안 일하다 보니 내가 미처 신경 쓰지 못한 부분이었다.

대표를 비롯해 우리 회사에서 내가 존경하고 소통을 잘하는 중간관리자들이 슬랙에서 어떻게 커뮤니케이션을 하는지 관찰했다. 의외로 공통점을 찾기는 매우 쉬웠다. 업무상 요청을 하거나, 요청받은 것에 대해 답변을 할 때 모두가 이모지나 '~, !, :), ^^' 등 감정을 나타내는 기호 하나 없이 담백하게 해야 할 말만 전달했다. 불필요한 미사여구나 사족은 없었다.

처음에는 내가 딱딱하다고 느꼈던 텍스트가 사실은 굉장히 명확한 효율적인 소통 방식이라는 것을 깨달았다. 생각해보면 '일'하기 위해 모인 곳이 직장인데 굳이 서로의 감정을 우선적으로 신경 쓰면서 일할 필요가 있나 하는 생각으로까지 나아갔다.

이런 깨달음에 이르자 나의 행동도 변화할 수밖에 없었다. 슬랙에서 최대한 담백하고 명확하게 내 의사를 전달하기 위해 의식적으로 노력했다. '문장의 마지막에 간단한 웃음 표시 :) 정도는 붙여도 괜찮지 않을까?' 마음이 약해져도, 끝내 붙이지 않을 때가 더 많아졌다. 실제로 이렇게 텍스트로 전달되는 내 말투를 바꾼 뒤 왠지 모르게 나의 목소리가 더 힘있게 전달되는 것 같다고 느껴졌다.

그러나 한 가지 고민이 생겼다. 비대면 커뮤니케이션에서 보이스앤톤을 바꾸니 단순 메신저뿐만 아니라 실제 대면 상황에서도 이에 걸맞은 행동을 일관적으로 해야 할 것만 같은 압박이 들기 시작했다. 평소의 나는 팀원, 친한 동료, 별로 친하지 않은 옆 팀 동료, 인턴 상관없이 눈을 마주치는 모두에게 "주말에 뭐 하셨어요?" "점심에 밥 뭐 드셨어요?" "오, 오늘 입은 옷 너무 잘 어울리네요" 등의 질문이나 칭찬 등을 서슴없이 먼저 하며 다가가는 사람이었다. 그러나 이제는 이런 행동들도 의식적 행동의 범위 안에 포함하고 아무리 팀원이나 동료가 신상으로 보이는 예쁜 옷을 입고 왔어도 호들갑 떨지 않는 습관을 들이려고 노력했다.

갑자기 벽을 치는 것은 아니었다. 목표는 굳이 쓸데없는, 필요 없는 말과 행동은 하지 말자는 수준이었다. 그러나 역시나 사람은 하루아침에 바뀌는 것이 쉽지 않아서, 평소 하던 양의 30% 정도만 조절해도 성공한 것으로 생각하기로 했다.

군이 나란 사람의 특성을 억제하며 이렇게 컨트롤할 필요가 있나 싶었지만 결국엔 모든 순간에서 사소한 나의 말투, 메시지, 행동이 모두 어우러져 직장에서의 나의 브랜딩을 형성하는 것이라 믿는다. 그리고 브랜딩이 탄탄해진다면 팀장으로서의 추진력과 소통에 있어서 오히려 도움을 받을 것이다.

그렇다고 항상 모든 상황에서 진지하고 엄중할 필요는 없다고 생각한다. 사적인 이야기를 할 때는 실없는 농담을 하고 망가지기도 하며 인간적인 면모를 뽐내는 사람이 일과 관련된 상황에서는 웃음기 싹 빼고 명확하게 의사를 전달할 때 그 선명한 대비로 인해 의사가 더 강력하게 전달될 수 있기 때문이다.

강풍이 불 때 바람의 방향에 맞춰 흔들리는 다리보다 흔들리지 않는 다리가 오히려 더 무너지기 쉽다. 단단한 겉모습을 가지면서도 때에 따라 유연하게 흔들릴 줄 아는 사람이 되고 싶다.

# 최악의 팀장 VS
# 최고의 팀장

🌸 둥글둥글 팀장의 일기 #11

처음에는 어두웠던 표정이었지만 면담이 끝날 때 팀원의 표정이 한층 밝아진 것 같아서 마음이 놓였다. 회사에 기여한 점에 대해서 일깨워줬고, 충분히 잘하고 있다고 말해줬다. 그리고 앞으로 다양한 도전이 기다리고 있는 만큼 회사의 성장을 함께 이끌어가는 과정에서 목표를 찾고 성취감을 느꼈으면 좋겠다고 이야기해줬다.

최근 번아웃을 앓다가 다시 극복하여 어느 정도 동기부여가 된 상태라 오늘 1:1에서도 팀원에게 긍정의 에너지도 심어줄 수 있었던 것 같다. 확실히 내가 큰사람이 되어야 다른 사람도 이끌 수 있는 법이다.

첫 사회생활은 한 비영리 재단의 인턴으로 시작했다. 해외 인턴십 등 청년들의 글로벌 진출을 돕기 위한 프로그램을 운영하는 팀이었다. 이메일을 보낼 때 cc, bcc라는 것이 있음을 그때 처음으로 배웠다. 그리고 근로계약서에 적힌 6시는 진짜 퇴근 시간이 아니라는 것을 눈치로 배웠다.

## 최악의 팀장

7개월이라는 기간 동안 일했는데, 그 후 인턴십을 떠올릴 때마다 기억나는 팀장은 직속 팀장이 아니라 옆 몀 팀장인 T였다. 그분은 까칠하기로 유명했다. 모두가 있는 사무실에서 뭔가 마음에 들지 않는 일이 있으면 팀원에게 호통을 치는 일이 하루 이틀이 아니었다.

한번은 집중력을 요구하는 작업을 할 때라 이어폰을 귀에 꽂고 음악을 들으면서 일하고 있었다. 나도 모르게 신이 나서 흥얼거림이 실제 육성으로 튀어나왔나 보다. 옆자리 선배가 나를 툭툭 치고 조용히 하라는 신호를 보냈다. 이어폰을 귀에서 빼고 주위를 둘러봤는데 분위기가 싸해졌다. 또 T팀장이 어떤 선배를 혼내고 있었다.

그때 보고도 믿기지 않을 장면이 눈앞에서 펼쳐졌다. 화를 주체하지 못한 T팀장이 선배를 향해 보고서를 던졌고, 흩어진 종이들이 공중을 날아다녔다. 드라마에서 볼 법한 장면이었다. 분위기는 살얼음판처럼 얼었고, 사무실에 있는 사람들은 숨을 죽였다.

모두가 보는 앞에서 대놓고 창피를 당한 선배가 안쓰러웠다. 후배들 앞에서 얼마나 수치스러웠을까. 나였다면 쥐구멍으로 숨고 싶었을 것 같다. 그리고 T팀장 한 사람 때문에 사무실에 있는 모두가 눈치를 보며 숨죽여 일해야 한다는 것이 억울했다.

그때 어깨너머로 보면서 나도 모르게 다짐했던 것이 있다. 건설적인 피드백으로 발전할 방향을 제시하는 대신 화를 내며 팀원을 무안하게 만드는 저런 팀장은 정말로 최악이라고. 사회생활을 하며 이후에 저런 팀장은 만나면 빨리 탈출해야겠다고, 그리고 나는 저런 팀장은 절대 되지 말자고.

## 최고의 팀장

그 후 다른 회사에서의 인턴십과 1년의 해외 봉사활동을 거친 후 내가 정식 사회인으로 첫 발을 내디딘 곳은 정말 신기하게도 처음으로 인턴십을 했던 비영리 재단이었다. 팀은 달라졌는데, 이번에는 청년 창업 활성화를 위해 창업 지원 프로그램을 운영하는 스타트업 팀의 일원이 되었다.

매니저와 인턴을 포함 7명으로 구성된 스타트업 팀을 총괄하는 H팀장은 부드러운 카리스마를 가진 분이었다. 당신은 11시가 넘도록 집에 가지 못해도 팀원들에게는 얼른 퇴근하라고 말하는 천사 같은 분이었다. 위에서 부당한 대우를 당해도 스트레스를 팀원들에게 표출하지 않고 묵묵히 혼자서 짊어지고 가셨다.

처음에는 스타트업 생태계 자체가 생소하고, 품의서나 지출결의서 등의 행정 업무도 미숙하여 실수가 잦았다. H팀장은 내가 싼 똥을 치우느라 고생하면서도 나에게 싫은 소리 한 번 하지 않으셨다. 그래서 오히려 미안함에 '내가 더 잘해서 팀장님 그만 고생시켜야지' 하는 마음으로 더 열심히 일했다. 엄격하고 무서운 팀장이 아니라 편하고 언제든지 기댈 수 있는 팀장의 모습으로 다가왔기 때문에 면담을 하면서도 힘들고 어려운 점에 대해 솔직하게 말할 수 있었다.

업무 외적으로도 H팀장을 더 존경하게 된 계기가 있다. 인턴으로 일했던 팀원이 조부모상을 당했는데 장례식 장소가 부산이었다. 바쁜 시기였고, 장소도 멀었기 때문에 나는 차마 조문을 갈 생각은 하지 못하고 부조금 전달로 대신하려고 했다. 그런데 H팀장은 바쁜 업무 처리를 뒤로 미루고, 한걸음에 부산으로 달려갔다. 팀원들의 개인사까지 섬세하게 챙겨주는 모습을 보며 무한한 신뢰가 들었다.

내가 입사한 지 1년이 채 되지 않았을 시점 H팀장은 다른 회사로 이직했다. H팀장의 마지막 날 작별 인사를 하는데 창피하게도 계속 눈물이 났다. 퇴근하고 집에 오는 길 내내 더 이상 나를 보호하고 책임져주는 든든한 울타리가 없다고 생각하니 눈물이 계속 차올랐다. 한 사람에게 느끼는 미안함과 감사함이라는 감정은 시간이 흘러도 묵직하게 남는 것 같다.

## 팀장으로서 내가 지키고 싶은 원칙

최악이라고 말할 수 있는 팀장과 최고라고 기억하는 팀장을 겪으면서 '나는 어떠한 팀장이 되어야 하는가'에 대한 나름의 원칙을 세울 수 있었다.

- 팀원이 편안하게 느낄 수 있는 사람
- 팀원의 일에 끝까지 책임을 지는 사람
- 팀원의 공을 적극 인정하는 사람
- 팀원들과 어느 정도 적당한 거리를 유지하는 사람

우선 가장 중요한 것은 전혀 어렵지 않은, 편한 팀장이 되는 것이다. 그래야 솔직하게 서로 피드백을 주고받으며 발전할 수 있다고 생각하기 때문이다. 팀장과의 관계가 불편해서 하고 싶은 말이 있어도 입을 닫게 된다면 그것이야말로 최악이다.

또한 팀원들과 팀에서 나온 결과물에 대해 책임감을

갖는 팀장이 되어야 한다. 예를 들어 팀원이 작성한 글에 오타가 있으면, 작성한 건 팀원이지만 결국엔 컨펌할 때 미리 발견하고 피드백을 주지 못했기 때문에 내 책임이다. '내가 이렇게 했다면 더 나아지지 않았을까'라고 성찰하며 모든 범위에서 책임을 잊지 않는 사람이 되고 싶다.

그리고 나는 팀원들이 자신이 한 일에 성취감을 느끼며 일했으면 좋겠다. 잘못한 일에 대해 따끔하게 혼나는 것보다, 열심히 하고 잘한 일에 대해 칭찬을 받고 주변 동료들로부터 인정을 받으면 그 성취감과 뿌듯함이 강한 원동력이 되어 더 큰 결과로 돌아온다고 믿는다.

마지막으로 팀원들과 너무 가깝지도, 그렇다고 너무 멀지도 않은 팀장이 되고 싶다. 잘한 일에 대해서는 칭찬하면서도 팀원의 발전을 위해 가끔 날카로운 피드백을 주려면 어느 정도의 거리 유지는 필수이기 때문이다. 그리고 가끔 혼자가 되는 점심시간에도 서운해하지 않고 쿨한 팀장이 되기 위해서도 어느 정도의 거리는 도움이 된다.

팀장으로서 완벽하지는 않아도 그래도 적어도 내가 세운 원칙들에 대해 좋은 평가를 받는다면 무척이나 기쁠 것 같다.

# 한 살 팀장의
# 첫 성적표

🍀 둥글둥글 팀장의 일기 #12

이 겨울 진짜 여러모로 혹독하다. 코로나로 단단히 얼어붙은 관계들, 회사

에서의 위태로움과 외로움. 그래도 이 겨울도 언젠간 지나갈 거고, 힘들

수록 찾아오는 봄은 더 찬란할 것이다. 마냥 행복하고 완벽할 수는 없

다. 더 단단하고, 성숙한 내가 되기 위해 이 겨울을 잘 견뎌보자.

"여러분, 저 내일 휴가예요!"

퇴근할 무렵이었다. 노트북을 닫고 집에 갈 채비를 하던 팀원들에게 신나게 나의 휴가 소식을 알렸다. 그러자 바로 옆에서 일하는 J가 뭔가 큰일 났다는 표정으로 "아… 진짜요?"라는 반응을 보였다. 나는 또 그 반응에 놀라서 뭐 다른 걱정되는 일이 있는 건지, 아니면 내가 휴가인 게 부러워서 그런 건지 물어봤다. 그러자 J는 꼭 팀장이 부재할 때 일이 터지기 마련이라며, 내가 없을 때 무슨 일이 생기는 건 아닐지 걱정된다고 했다.

그 말을 듣는 순간 묘하게 기뻤다. 내가 불편한 팀장이었다면, 휴가 소식을 듣고 내적 환호를 했을 수도 있었을 텐데 이렇게 아쉬워해주다니. 초보 팀장 시절에 한때는 팀원들이 나를 불편해할까 봐 점심을 같이 먹자고 하는 것도 눈치봤었는데. 어느덧 팀장이 된 지 만 1년이 된 지금, 그래도 팀원들이 믿고 의지하는 팀장 정도는 되는구나 싶어 안심이 되었다.

이렇게 느낌적인 느낌으로만 알 수 있었던 나의 리

더십에 대한 팀원들의 평가를 제대로 확인할 기회가 있었다. 팀원들이 상사를 평가하는 상향 평가Upward Feedback Survey가 이루어진 것이다.

내가 다니는 스타트업은 꽤나 오랫동안 30명 안팎의 직원 수를 유지하다가, 최근 공격적으로 신규 직원을 채용하면서 짧은 시기에 전체 직원 수가 1.5배 증가했다. 이전처럼 개인이 일당백 역할을 하는 것이 아니라 조직 차원의 목표 달성을 위해 팀 단위로 긴밀하게 협업하고 성과를 내는 시스템을 만드는 것이 중요해지는 시기를 겪고 있다.

입사한 모든 직원은 3개월 수습 기간을 거치기 때문에 중간, 최종 평가 등을 통해 하향 피드백은 자주 이루어지고 있다. 하지만 정작 상향 피드백은 이루어지지 않고 있다는 문제 제기가 팀 리더 회의에서 나왔다. 그래서 일단 테스트로 익명 상향 평가를 시도해보기로 했다.

한창 바쁘게 일하고 있던 평일 오후, 내 팀원들의 상향 평가 결과가 도착했다는 메시지를 받았다. 심장이 살짝 쿵 하고 내려앉았다. 당장 오픈할 용기는 없어서 일단 바쁜 일을 끝내고, 내 주위에 사람들이 없을 때를 틈타 결과지를 오픈했다. 전체적으로 쓱 훑어봤을 때 평가 항목당 1에서부터 10까지의 점수 중에서 다행히 1에서 5까지의 낮은 구간에 있는 점수는 없어 보였다. 차분한 마음으로 위에서부터 다시 내려가며 하나하나 자세히 들여다봤다.

설문조사는 리더의 코칭 능력, 단기적 목표 달성 및 프로젝트 헌신도 그리고 장기적 목표 달성 영역을 평가할 수 있는 총 9가지 질문으로 이루어져 있었다. 전혀 그렇지 않다(1점), 항상 그렇다(10점) 사이에서 점수를 매기는 방식이었다.

- 내 리더는 언제나 나의 이야기를 들어주려고 한다(My team leader is always ready to hear me out).

이 항목에서 가장 높은 점수를 받았다. 4명의 팀원 모두에게서 10점의 점수를 받았다.

- 내 리더는 코칭에 필요한 전문적인 지식, 기술을 가지고 있다(My team leader has the technical expertise).

반면, 이 항목에서 가장 낮은 점수를 받았다. 예상대로였다. 마케터 출신이 아니니, 스스로도 늘 부족하다고 생각한 영역이었다. 이건 어쩔 수 없는 부분이라 생각하고 다음으로 낮은 점수를 받은 항목은 무엇인지 봤다. 여기야말로 내가 진짜 노력해서 더 나아져야 할 개선 포인트일 테니까.

- 내 리더는 커리어 발전을 위해 성장할 수 있는 기회를 마련해준다(My team leader assigns stretch opportunities to help me develop in my career).

이 항목에서 내 점수는 35점이었다. 엄청 낮은 점수는 아니지만 그래도 생각해볼 필요는 있었다. 내 능력이 부족해서 팀원들이 성장할 수 있는 기회를 적절하게 포착하지 못했던 건지, 아니면 팀원들의 업무량을 지나치게 걱정한 나머지 편한 우리 안에만 두고 성장할 수 있는 기회를 적게 준 것은 아닌지. 괜히 미안해졌다. 정작 나 자신을 돌아보면, 일적인 면에서 한 뼘씩 크게 성장할 수 있었던 순간들은 업무적으로 가장 바쁘고 힘들었던 시기를 무사히 버텨내고 통과한 뒤였다. 감당할 수 있는 수준의 일만 하는 것이 아니라, 일이 쌓이고 쌓여 결국 넘치고, 그리고 그 넘친 일을 정리할 때 비로소 나의 능력은 더욱 확장되고 이전과 다른 사람이 되는 것 같다.

앞으로 팀원들에게 능력을 성장시킬 적절한 기회를 포착하고 믿고 맡기는 것, 그리고 중간중간 개입하여 더 나은 방향으로 나아갈 수 있도록 이끄는 것이 내가 발전시켜야 하는 리더십의 모습일 것이다.

우리가 꼰대를 싫어하는 이유는 꼰대는 귀는 닫혀 있고, 입만 열려 있는 사람이기 때문이다. 긍정적인 방향으로 변화하고, 발전할 수 있다는 기대를 할 수 없는 사람에게는 결국 아예 입을 닫게 되는 것 같다. 그런 점에서 '내 리더는 언제나 나의 이야기를 들어주려고 한다'

라는 항목에서 모든 팀원이 나를 10점으로 평가해줬다는 것이 가장 뿌듯하다.

앞으로도 팀원들의 말에 귀 기울일 줄 알고, 더 나아가 팀원들의 능력 성장까지 이끌어줄 수 있는 팀장이 되고 싶다.

# 내가 대기업 면접에서
# 탈락했던 이유

🌸 둥글둥글 팀장의 일기 #13

확실히 면접 경험이 쌓이다 보니 몇 마디 말을 하면 사람 파악이 어느 정도는 되는 것 같다. 서류만 봤을 때 적합해 보였던 지원자는 실제 봤을 때 케미가 느껴지지 않았다. 반면 별 기대 없던 지원자는 실력도 탄탄하게 받쳐 주는 분인데 분위기도 우리랑 너무 잘 어울릴 것 같았다. 진짜 서류로만 판단해서는 안 되고 실제로 만나서 이야기를 해봐야 안다.

팀장이 되니 달라진 점 중 하나는 면접에 참여하여 팀원을 직접 뽑을 수 있게 되었다는 것이다. 피평가자로만 면접에 임하다가, 갑자기 평가자가 되는 경험은 색달랐다. 그리고 면접관의 입장이 되어 보니 비로소 알겠더라. 왜 내가 취업 준비 과정에서 숱하게 탈락의 고배를 마실 수 밖에 없었는지.

그리 길지 않은 인생이었지만, 그 중에서도 가장 힘들고 괴로웠던 순간이 언제냐고 묻는다면 주저 없이 한창 취업 준비를 하던 스물일곱 살의 봄을 꼽을 것이다.

아프리카 해외 봉사, 3번의 인턴십 활동을 거치며 휴학을 많이 했던 터라 나는 또래보다 늦게 취업 시장에 뛰어들었다. 본격적으로 서류를 제출하기 시작한 3월부터 6월까지 약 60개의 기업에 지원했다. 그중에서 최종 입사 제의를 받은 기업은 단 3곳, 5%라는 낮은 승률이었다. '그래도 3곳이라도 합격한 게 어디야'라는 감사한 생각이 들 수도 있었지만, 당시의 나에게 57번의 거절은 받아들이기 너무 힘들었다.

단순 서류 탈락을 넘어 내가 살아온 삶이 통째로 거부 당하는 느낌이었다. 이미 지난 과거에 대해서는 절대 후회하지 않으려고 노력해왔는데, 처음으로 내가 했던 선택들이 후회가 되기 시작했다. '고집 부리지 않고 경영학 복수 전공할걸', '해외봉사 다녀오지 말고 더 빨리 취업 준비할걸.'

처음 탈락 문자, 이메일을 받았을 때는 부족한 나를 탓했고, 이후 지속되는 기업의 거절 통보에 슬슬 화가 났다. '대체 왜 나 같은 인재를 몰라보는 거지?' '인재 보는 눈이 없는 기업에는 미래가 없다. 에잇, 망해라!' 신랄한 저주를 퍼붓기도 했다.

취업 준비생의 입장이었을 때는 한 사람의 태도, 가치관, 성격 등을 온전히 담지 못하는 몇 장의 이력서가 그 사람을 판단하는 데 얼마나 변별력 있을까 싶었다. 그런데 팀장이 되어 여러 이력서와 포트폴리오를 검토하면서 느낀 점은 의외로 서류만으로도 충분히 그 사람에 대해 어느 정도 파악이 가능하다는 것이다.

"왜 우리 회사에 지원하셨어요?"

취준생 시절 가장 싫어했던 면접 단골 질문이다. 진짜 하고 싶은 말은 당연히 '돈 벌려고요'였다. 하지만 사실대로 말하면 탈락할 것이 뻔하니 온갖 이유를 붙여가며 내가 왜 이 회사에 관심을 가지게 되었고, 이 회사에서 일하면서 내가 기여할 수 있는 점 등등 그럴듯한 스토리를 만들어 냈다.

평가자가 되어 이력서를 검토하니, 의외로 학력과 경력보다 가장 눈에 들어오는 것은 우리 회사에 대한 진심 어린 관심과 간절함이었다. 왜 많은 기업에서 진부한 걸 알면서도 그 질문에 대한 답을 지원자에게 듣고 싶어 하는지 이해되었다. 학력이나 경력 등 객관적인 조건이 좋은 지원자라도 딱 봐도 하나의 이력서를 여기저기 뿌리는 것 같은 느낌이 드는 지원자는 과감히 거른다. 반면 최근 우리 회사 관련 보도자료나 SNS 채널에서 찾을 수 있는 내용을 언급한 지원자의 이력서를 읽을 때는 '열심히 찾아보셨네' 하며 나도 모르게 입가에 미소가 지어진다.

서류 전형을 통과하고 이어지는 면접에서 중요한 것은 서로의 핏Fit이다. 짧게는 30분, 길게는 1시간 동안 이어지는 면접에서 그 사람이 가진 지식 및 경력 그리고 태도가 우리 회사, 팀과 만났을 때 어떤 관계가 형성될지 머릿속에 선명히 그려질 수 있어야 한다.

불합격 통보를 했던 지원자 중 어떤 문제가 있다거나, 경력이나 경험이 부족한 분은 많지 않았다. 오히려 그 반대가 많았다. '어떻게 이렇게 다양한 활동을 했지?' 놀랄 정도로 다양한 각종 경험을 쌓은 훌륭한 분들이 많았다. 그러나 기존 직원들 속에 자연스럽게 융화될 수 있는 분인지, 우리 팀이 일하는 방식에 맞춰 일할 수 있는 분인지 등 조직적인 측면에서 고려했을 때 잘 맞지 않는 것처럼 느껴지는 분들은 입사 제안이 망설여졌다. 또는 개인의 능력이 출중하더라도 당장 현시점에서 우리 팀/회사가 필요한 능력이 아니라고 판단되면 이 또한 불합격 사유가 되었다.

내가 같이 일해야겠다는 확신이 들었던 분들은 바로 다음 날 출근하여 내 옆자리에서 일하는 모습을 상상해도 전혀 어색함이 느껴지지 않았다는 공통점이 있다.

합격하지 못한 건 지원자들의 잘못이 아니다. 그저 그분과 우리 회사의 핏이 조금 안 맞는 것뿐이다. 스타트업은 규모가 작은 조직이기 때문에 개인의 능력도 중요하지만 기존 멤버와의 조화, 조직 문화 적합성이라는 것이 굉장히 중요하다. 그래서 어떻게 보면 스타트업에 입사하기는 대기업보다 더 어렵고, 잔인하기도 하다. 아무리 일하고 싶은 회사라고 해도, 조직 문화와 다른 결을 가진 사람이라면 기회조차 쉽게 주어지지 않는다는 말이기도 하니까.

몇 년 전 취준 시절 나를 떨어뜨렸던 기업들이 생각났다. 이름만 들어도 누구나 다 아는 대기업이거나 매출 구조가 탄탄한 중견기업들이었다. 정말 어디든 취업하고 싶다는 절박함에 지원했을 뿐 평소 관심도 없었고, 딱 봐도 나와 조직 문화가 잘 맞지 않을 것 같은 기업이 대부분이었다.

정치외교학과 단일 전공, 아프리카 해외봉사 1년, 스타트업 인턴 3개월 등의 이력으로 채워진 내 이력서를 검토한 인사 담당자들도 바로 알았을 것이다. 어디로 튈지 모르는 이 자유분방함은 그들의 조직과 잘 맞지 않을 것이라는 것을. 그때 나를 떨어뜨린 평가자들의 혜안에 감탄하며, 그때 탈락해서 정말 다행이라는 안도감이 들었다. 합격의 기쁨은 아주 잠시, 분명 조직 문화가 잘 맞지 않아 금방 사표를 냈거나, 엄청 스트레스를 받으며 일하고 있었을 테니까.

자유로운 분위기에서 주도적으로 일하며 성장의 기쁨을 누릴 수 있는 스타트업에서 커리어를 이어갈 수 있어 정말 다행이라는 생각이다.

# 조직 내에서
# 작은 존재감으로 괴로울 때

🌀 둥글둥글 팀장의 일기 #14

머리 아픈 와중에도 퇴근하는 내내 일에 대한 생각이 머리에서 떠

나지 않았다. 어떻게 하면 조직 내에서 내가 하는 역할을 명확히 할

까, 기존에 없던 것을 기획해서 성과를 내서 인정받을 수 있을까. 어

떻게 해야 대체 불가능한 존재가 될까.

한여름 날의 저녁, 을지로에서 이전 회사 동료와 와인 한잔하기로 했던 약속이 취소되었다. 한창 조직과 나의 일에 대한 고민이 많을 때라 재잘재잘 속 터놓고 이야기 하며, 가슴 속에 쌓인 응어리를 들춰내고 싶었는데 갑작스러운 동료의 야근으로 취소된 약속이 못내 아쉬웠다. 가뜩이나 인간관계로 스트레스를 제대로 받았던 날, 이대로 발걸음을 집으로 돌리기에는 스치는 바람에도 부르르 떨듯 센치해진 내 마음에 따뜻하고 보드라운 한 줄기 위로가 필요했다.

즉흥적으로 종로 익선동의 후미진 골목에 위치한 재즈바로 향했다. 회사와 가까운 곳에 위치해서 동료들과 함께 왔다가 '다음에는 혼자서 와야지' 마음먹었던 곳이었다. 그 후 도저히 혼자서는 재즈바 문을 열 용기가 나지 않아 실천하지 못하고 있었는데, '오늘만큼 제격인 날도 없겠다' 싶었다.

1부 공연 시작 15분 전에 도착한 재즈바는 지난번과 다르게 한산했다. 띄엄띄엄한 공간의 여유로움을 등에

업고 당당하게 앞자리에 자리 잡았다. 잠깐의 틈을 타 오늘 내 가슴을 답답하게 했던 일을 일기에 왈칵 쏟아내고 나니, 성난 마음이 조금은 수그러들었다. 덕분에 차분한 마음으로 재즈 공연에 집중할 수 있었다.

해당 재즈바는 요일마다 다른 팀이 공연을 하는데, 내가 방문한 날에 공연한 팀은 드럼과 피아노 그리고 콘트라베이스와 보컬로 구성되었다. 개인적으로는 색소폰과 신시사이저가 만들어 내는 특유의 쨍함과 몽환적인 선율을 좋아하는데, 드럼과 피아노 그리고 콘트라베이스가 만들어 내는 하모니는 과연 어떨지 기대되었다.

처음에는 드럼의 경쾌한 퍼포먼스에 시선을 빼앗기고, 그다음에는 피아노의 명확하고 리드미컬한 연주에 귀가 멀었다. 피아노의 리드와 드럼의 맞장구로 연주가 화려해졌다. 그런데 계속 연주를 듣다 보니까 어느 순간 처음에는 피아노와 드럼의 쨍한 음에 가려 들리지 않았던 낮게 퉁퉁 튀기는 콘트라베이스의 소리가 들리기 시작했다.

콘트라베이스는 바이올린족에서 최저 음역대를 가진

악기다. 음질이 어둡고 명확하지 않기 때문에 독주 연주 악기로는 적합하지 않으나, 앙상블에서는 묵직한 하모니를 형성하는 강한 힘을 가지고 있다. 거대한 덩치와는 다르게 소심한 소리를 가지고 있으나, 그만큼 무대에서 없어서는 안 될 존재감을 발휘하는 악기이다.

그 순간 요 며칠 나를 괴롭히던 얄팍한 불안감이 모습을 드러냈다. 최근 회사 사업의 방향이 크게 바뀌면서 전문 퍼포먼스 마케팅 능력을 가진 대행사 출신들이 조직 내에서 더 많은 역할을 부여받고, 자연스레 성과도 인정받는 상황이 조성되고 있었다. 마케터 출신은 아니지만, 내가 할 수 있는 선에서 묵묵히 일을 배우며 열심히 일했는데, 이대로 가다가는 내 존재가 너무 작아져 조직 내에서 무의미한 존재가 될 것 같다는 불안감을 느끼고 있었다.

재즈 연주에서는 콘트라베이스처럼 튀지는 않지만 무겁게 깔아주면서 전체적으로 안정감 있게 무게감을 가져가는 소리가 필요하다. 재즈 연주가 드럼과 피아노의 쨍한 소리에 의해 주도되고, 콘트라베이스의 소리는 주의를 기울이지 않으면 잘 들리지 않는다. 하지만 콘트라베이스의 소리가 없었다면 재즈 음악은 요란하기만 할 뿐 깊게 와닿는 매력은 없었을 것이다.

조직도 재즈 연주와 마찬가지라는 생각이 들었다. 화려하게 돈을 벌어오는 사람이 앞에서는 크게 보일 수밖에 없겠지만, 뒤에서 잘 보이지 않아도 묵묵히 자기 할 일을 하는 사람들의 숨은 노력이 있기에 조직은 정상적으로 기능하며 앞으로 굴러갈 수 있는 것이다.

조직 내에서 나의 존재감이 너무도 작게 느껴졌던 날, 생각지도 못했던 콘트라베이스라는 악기에 깊은 공감을 하고 따뜻한 위로를 받았다. 모히토 칵테일 한 잔에 1부 공연만 듣고 집으로 가는 발걸음이 가벼웠다.

# 신이 내게 주신 것과
# 주시지 않은 것

♧ 둥글둥글 팀장의 일기 #15

뭔가 일이 잘 안 풀린 날이었다. 퇴근하기 전 키친에 들렀는데 친한 동료들이 술을 마시고 있었다. 평소의 나였다면 운동을 포기하고 자리에 눌러앉아 와인을 마셨을 텐데 오늘의 나는 단호했다. 헬스장에 가서 달리고 싶었다. 쉬지 않고, 숨이 차고, 땀으로 흠뻑 젖을 때까지. 그래서 진짜 그렇게 달렸다.

최근 회사가 피봇Pivot(사업 전환)을 하면서 이전과는 다른 시장에서 새로운 제품을 팔아야 하는 상황이 되었다. 이 말을 조금 더 자세하게 풀자면, 이전에는 한국 시장에서 중소기업 대표와 개별 마케터를 대상으로 마케팅을 했다면, 이제는 미국 시장에서 그보다 더 규모가 크고 의사결정 과정도 복잡한 중견, 대기업의 리더를 대상으로 마케팅을 해야 한다는 뜻이다.

이러한 회사의 상황은 나의 업무 스콥Scope(범위)에 있어 엄청난 변화를 가져왔다. 광고 소재를 기획하고, 광고를 집행하는 실무뿐만 아니라, 웹사이트 내 콘텐츠 기획(무형의 서비스를 판매하는 소프트웨어 비즈니스의 경우 웹사이트가 첫인상을 결정짓는 중요한 요소이자, 고객과 만나는 온라인 매장과 같기에 웹사이트를 잘 만드는 것이 특히 중요하다), 회원 가입한 유저들의 활동 분석 등의 새로운 업무가 주어졌다.

한국에서는 꽤 브랜드 인지도가 있는 터라 유료 광고를 돌렸을 때 반응이 바로 오는 편이지만, 미국에서는 우리 브랜드 인지도 자체가 없기에 유료 광고를 돌리는 것은 밑 빠진 독에 물 붓기처럼 돈을 낭비하는 셈이다. 이런 상황에서 오가닉 콘텐츠의 중요성이 커져, 내가 한 때 담당하다가 팀장이 된 이후 팀원에게 넘겼던 SNS 관리가 다시 나에게로 넘어왔다.

마케팅에 있어서 가장 중요한 것은 타깃에 대한 분석을 바탕으로, 해당 그룹에게 제품 및 브랜드를 노출하고 회원 가입, 구매 등의 전환으로 이어질 수 있도록 그물망처럼 촘촘한 전략을 짜는 것이다. 그러나 미국이라는 국가는 시장 자체가 낯선 데다가, 영어가 내 모국어가 아니라는 한계, 대부분 처음 해보는 업무들이라 하나의 업무를 하는 데도 속도가 더뎠다. 가시적인 성과도 바로바로 보이지 않아서 초조함은 더욱 커졌다.

이러한 변화의 기로에 서니, 그 어느 때보다 나의 한계가 선명하게 드러났다. 원하는 결과는 명확한데, 어떻게 해야 할지 막막함을 느끼고, 딱히 복잡하거나 어려워 보이지 않는 일인데도 질질 끄는 내가 답답했다. 이렇게 매일매일 부족한 점을 직시하고 곱씹다 보니 자존감도

낮아지는 것 같았다. 내가 이렇게 일을 못하던 사람은 아니었는데, 대체 뭐가 문제인 걸까? 더 이상 밑바닥까지 떨어질 수 없었는지 한 가닥의 자존심이 툭 치고 올라왔고, 도리어 '내가 잘하는 것은 무엇일까?' 생각해보게 되었다.

신은 내게 토양에 맞는 묘목을 고를 수 있는 센스와 숲에 나무를 심을 수 있는 실행력을 주셨지만, 숲 전체를 아울러 볼 수 있는 능력은 주지 않으셨다.

마케팅을 예로 들면, 페이스북이나 트위터 등 각 매체별 흥하는 콘텐츠를 기획하고 제작하는 것은 내게 어려운 일이 아니다. 그런데 큰 그림에서 봤을 때 현재 직면하고 있는 문제점을 직시하고, 장·단기적인 전략을 세우는 일은 참으로 어렵다.

신은 내게 트렌드에 민감하고, 정보를 빠르게 습득하는 능력을 덜 주셨다. 압박적인 상황에서 많은 양의 새로운 정보를 소화해야 하는 상황이 오면 멘붕에 빠지는 순간이 종종 있다.

일상적인 예를 들면, 많은 양의 정보를 빠르게 훑어보

면서 나에게 중요하고, 필요한 정보만 쏙쏙 캐내는 것을 생각보다 잘하지 못하는 것이다. 대신 나는 그다음 날 아침에 평소보다 일찍 일어나 내가 미처 소화하지 못했던 정보를 찬찬히 살피고, 비어 있던 지식의 창고를 채우는 부지런함을 가지고 있다.

이러한 나의 특성들은 갑자기 하루아침에 생긴 것이 아니고, 지난 인생을 돌이켜봤을 때 다양한 영역에서 한결같이 나타났다. 내가 잘하는 것과 못하는 것을 굳이 장점과 단점으로 분류하지 않고, 신이 내게 주신 것과 주지 않으신 것으로 표현한 이유이기도 하다. 이러한 특성들은 어떻게 보면 선천적으로 주어진 것이고, 아무리 후천적으로 노력해도 쉽게 바뀔 수 없을 것 같다는 생각이 들기 때문이다.

그래도 옛날의 나와 비교하여 바뀐 점은 어린 날의 나는 내가 가지지 못한 것에 대해 실망하고, 그것을 어떻게든 성취하기 위해 안간힘을 썼다면, 지금의 나는 부족한 점을 인정하고, 수용하는 여유가 생겼다는 것이다. 아무리 고치려고 해도 사람은 쉽게 고쳐지지 않고, 이

세상에 모든 것이 완벽한 사람은 없으며, 사회는 다양한 재능과 성향을 가진 사람들 간의 균형이 필요하다는 것을 알기 때문이다.

그러니 부족한 부분에만 몰두하여 좌절하기보다 끊임없이 변하는 환경에서도 중심을 잃지 않고 내가 잘하는 것을 찾아 밀고 나가야 할 것이다.

# 대체 불가능한 존재가
# 되기 위한 노력

♧ 둥글둥글 팀장의 일기 #16

오전 9시가 가까워 오는 시각, 어제는 마냥 부담감으로 느껴졌던 일들

을 긍정적으로 생각할 수 있는 힘이 생기기 시작했다. 조금 빡세겠지

만, 이렇게 도전하는 과정에서 나는 새로운 슈퍼 파워를 얻을 수 있겠구

나. 리더십 및 능력은 타고나는 것이 아니라 길러지는 것이다. 바로 지금

과 같은 일상과 업무에서 주어지는 도전을 통해.

나는 쉽고 반복적인 일에 금방 지루함을 느끼고, 새로운 것을 시도하는 것을 좋아하는 부류의 사람이다. 고등학생 때는 매일 똑같은 교복을 입는 것이 지겨워 신발, 가방 등의 액세서리에 신경을 많이 썼다. 거의 매일 가방 안의 내용물을 옮기는 수고로움을 감수하면서도 가방을 바꿔 멨고, 신발도 여러 켤레를 번갈아 가며 신었다. 여행할 때는 한곳에 오래 머무는 것보다, 짧게 여러 도시를 다니며 풍경을 눈에 담는 것을 좋아하는 스타일이다.

업무적으로도 나는 한정된 일을 반복적으로 하는 직무보다, 여러 가지의 업무를 얕게 맡아서 하는 제너럴리스트를 지향한다. 그래서 주체적으로 아이디어를 내어 실행할 수 있고, 빠르게 성장하는 과정에서 업무가 유동적으로 변화하는 스타트업에 잘 맞다. 내가 회사 대표님 그리고 팀원들에게 잘 듣는 칭찬 중 하나가 멀티태스킹을 잘한다는 것이다.

그러나 이런 나도 가끔은 그때그때 빠르게 변하는 상황에 따라 적응하는 것이 힘에 부칠 때가 있고, 스타트업에서 오래 생존하는 것은 결코 만만치 않다는 생각이 들 때가 있다. 새로 맡게 된 업무에서 성과를 조금씩 내면서 '이제 한 건 했다' 하는 뿌듯함을 느끼는 순간이 오지만, 그 순간은 오래가지 못하고 이내 또 다른 도전이 찾아온다. 허들 경주에서 빠른 속도로 달리고 있는데, 앞으로 갈수록 점점 뛰어넘어야 하는 허들이 높아져서 버거운 느낌이랄까?

비마케터로 입사했지만, 하나하나 배워가며 어느 순간, 회사의 디지털 마케팅을 전담하는 역할을 맡게 되었다. 이제는 어느 정도 인정을 받으면서 안정적으로 일할 수 있으려나 했는데, 팀장직을 맡으면서 실무뿐만 아니라 중간관리자로서 팀원들의 업무까지 신경 써야 하는 도전이 주어졌다. 팀장이 된 지 거의 1년을 채워가는 시점, 이제는 팀원들에게 피드백 주는 것도 익숙하고, 팀원들도 든든하게 맡은 업무를 잘해주고 있어 조금 마음이 여유로워지려는 시점에 또 다른 허들이 찾아왔다.

직장에서 업무가 바뀌게 되는 일이 있다면, 주로 두 가지 이유에서 비롯된다. 회사가 가고자 하는 사업의 방향이 바뀌었거나, 또는 가깝게 일하는 인력에 변동이 있거나. 올해 나는 이 두 가지 변화를 모두 겪었다.

첫 번째 허들은 지난해 말부터 신규 서비스 출시로 인해, 공격적으로 미국 시장을 대상으로 마케팅을 해야 하는 업무가 주어졌을 때다. 오랜 기간 서비스를 준비하여 시장에 선보였다. 그런데 기대하던 세일즈가 이루어지지 않아 초조했고, 실적에 대한 심리적 압박이 엄청났다. 게다가 미국은 다른 시장인만큼 한국에서 시도했던 것과는 다른 방법의 접근이 필요했고, 영어가 내 모국어가 아니어서 업무를 진행하는 데도 속도도 더디고 답답했다. 차라리 업무량이 많더라도 그래도 내가 시간만 투자하면 어떻게든 할 수 있다는 확신이 있다면 덜 괴로울 텐데, 이건 밑 빠진 독에 물을 붓는 것처럼 내가 하는 일에 대한 확신이 없어서 더 불안했다.

이렇게 버겁다고 느낄 정도의 도전이 주어졌을 때, 크게 두 가지 방법으로 극복할 수 있다고 본다. 하나는 목표를 달성하려고 노력하는 과정에서 능력을 한껏 스트레치하여 성장하는 것이다. 다른 하나는 정말 노력해도 안 된다 싶을 때는 한계를 깔끔하게 인정하고, 내가 잘하는 다른 영역을 찾아 차라리 그곳에 집중하여 업무 생산성과 효율성을 높이는 것이다.

솔직히 말하면, 첫 번째 미국 시장 마케팅이라는 허들을 만났을 때 내 능력이 한껏 향상되기를 바랐다. 하지만 내 한계를 인정해야만 했다. 아무리 노력해도 결국 일은 잘 풀리지 않았고, 이 과정에서 부족한 나에 대해 실망하면서 자존감이 낮아지기도 했다.

하지만 계속 스스로를 깎아 내리며 추락할 수는 없었다. '완벽하게 모든 걸 다 잘하는 사람이 어디 있겠어'라고 토닥이며 내려놓으니 오히려 마음이 한결 편해졌다. 못하는 것을 품에 안고 끙끙 앓는 것보다 차라리 조직 내에서 내가 남들보다 더 잘할 수 있는 일을 찾아 파고드는 것으로 방향을 전환했다.

신규 직원의 입사, 함께 일하던 동료의 퇴사 등 함께 일하는 사람이 바뀌면 업무에 또 다른 변화를 겪게 된다. 최근에 나와 함께 콘텐츠팀을 관리하면서, 브랜드 마케팅을 중점적으로 담당할 신규 직원이 들어왔다.

처음 채용 소식을 들었을 때 약간 당황스러웠다. 회사가 커지면서 팀에 경력 있는 직원이 합류하고 새로운 체계를 잡는 것은 당연한 수순이다. 하지만 나는 괜히 '내가 잘하지 못하기 때문에 새로운 사람을 뽑은 건가?' 반문하게 되었다.

나는 어떤 조직에서든 인정받고, 생존하기 위해서는 대체 불가능한 존재가 되어야 한다고 생각한다. 어떤 일에 대해서는 회사 내의 그 누구보다 내가 잘 알고, 경영진도 나에게 먼저 물어보고, 믿고 맡길 수 있는 그런 존재. 그런데 내가 하던 일을 누군가와 함께 나누고, 내가 하던 일의 일부를 이제는 다른 사람이 하는 것을 보니 느낌이 이상했다.

그런데 어쩌겠나. 결국 조직 내에서의 나의 역할은 고정된 것이 아니라, 상황에 따라 끊임없이 변화할 수밖에 없다. 한곳에 오래 정체되면 썩기 마련이다. 이전과 똑같이 일할 수는 없다. 팀 차원의 목표를 위해 긴밀히 협업하면서도 대체 불가능한 존재가 되기 위해 나만의 다른 엣지를 찾아 파고들어야 한다. 하지만 이 모든 것을 머리로는 알고 있어도 그것을 행동으로 바로 실천하는 것은 생각보다 어렵고, 시간이 걸리는 일이다. 요새 버퍼링이 걸린 듯 부쩍 사소한 실수가 잦아지기도 했다.

출근길, 지하철 1호선이 노량진과 용산역을 잇는 한강 철교를 지날 때였다. 너무나 화창한 하늘과 푸른 한강을 바라보는데, 좋은 날씨와 부조화되게 내 안에서는 한숨이 퍽퍽 나왔다.

'오늘 하루도 쉽지 않겠구나.'

일 잘하는 직원, 좋은 팀장이 되기가 너무 어려운 것 같았다. 원래 성장 욕구가 엄청 큰 사람인데, 지친 나머지 처음으로 그냥 다 포기하고 싶은 생각이 들었다. 하지만 곧 내 안의 긍정적인 사고가 반작용처럼 일어났다. 생각해보니, '좋은 팀장이 되는 것이 좋은 엄마, 아빠 되는 것과 뭐가 다른가? 아무리 힘들다고 엄마, 아빠 되기를 포기할 수 없지 않나.'

그래, 완벽해질 수는 없더라도 그래도 부족한 점을 깨닫고, 그걸 고치기 위해 조금이라도 노력한다면 이전보다 더 나아질 수 있다.

# 리더는 모든 걸
# 잘하는 사람이 아니다

🌸 둥글둥글 팀장의 일기 #17

겸손할 줄 알자. 포용할 줄 알자. 오늘 대화를 통해 깨달은 내용이다.

원래도 자아가 강한 사람이었지만, 나이가 들면서 점점 나라는 사람

이 뚜렷해지면서 늘어난 나의 확신에 반비례해 타인에 대한 관용은

점점 줄어드는 듯하다. 교만해지고, 나에게만 너무 관대한 사람이 되어

가고 있는 건 아닌지 반성했다. 자기 확신이 지나쳐 오만이 되지 않도

록 스스로 나를 낮추고, 너무 추켜세우지 말고, 나와 다른 사람도 포용할

줄 아는 그런 깊은 사람이 되어야겠다고 다짐했다.

현재 내가 우리 회사에서 주로 하는 일 중 하나는 유료 광고 기획이다. 주로 인스타그램, 구글, 네이버 등의 디지털 매체에서 타깃 고객의 흥미를 끌 수 있는 카피를 정하고, 이에 맞는 이미지와 영상 콘셉트를 기획하여 디자이너, 영상 크리에이터에게 작업을 요청한다. 그리고 내가 기획한 의도에 맞는 퀄리티가 나올 수 있도록 피드백을 주고받으며 결과물을 완성하고, 실제 해당 광고가 라이브된 후의 성과를 분석하는 일까지 담당한다.

처음부터 이 업무가 내 전담은 아니었다. 회사에 처음 들어왔을 때는 마케팅 경험이 전무했기 때문에 큰 규모의 예산을 들여 하는 유료 광고보다는 예산이 들지 않는 인스타그램이나 페이스북 등의 SNS 채널 관리가 내 담당이었다.

채널의 팔로어 수를 늘리기 위해 타깃 고객이 관심을 가질 만한 내용으로 콘텐츠를 기획하여 만들고 업로드하는 일을 하다 보니 'sponsored'라고 피드에 뜨는 유료 광고에도 자연스럽게 눈이 가기 시작했다. 매일 SNS를 들락날락하며 브랜드 마케팅을 잘하는 사례들을 많이 접하다 보니 우리 회사에서 하는 유료 광고는 아쉬운 점이 먼저 보였다. 우리 채널을 팔로잉하는 유저, 해시태그 검색을 통한 노출에 국한될 것이 아니라 광범위한 타깃에게 노출되는 유료 광고로 나의 영역을 확장하여 시도해보고 싶은 아이디어들이 넘쳤다.

현재 우리가 진행하고 있는 광고 소재의 아쉬운 점과 시도해보면 좋을 아이디어를 정리해서 간단한 프레젠테이션을 준비했다. 짧은 회의가 잡혔고, 조심스럽게 내 의견을 전했는데 생각보다 반응이 좋았다. '내 아이디어가 안 받아들여지면 어떡하지?' 걱정했는데 바로 진행해보자는 오더가 떨어졌다. 내가 아이디어를 냈으니, 그것을 실행하는 주체 또한 내가 되어야 했다.

PPT 파일 속에 있던 카피와 콘셉트는 실제 눈에 보이는 결과물로 탄생했고, 설정한 타깃팅 범위 내의 불특정 다수의 사람에게 노출되었다. 만들었던 모든 신규 광고 소재가 좋은 성과를 가지고 온 것은 아니었으나 일부 소재의 회원 가입당 비용 효율이 기존보다 개선되었다.

그리고 대표와 기존 유료 광고 담당자도 나의 프레시한 아이디어와 실행력을 좋게 본 것 같았다. 무엇보다 '잠재고객은 어떤 이미지와 카피에 반응할까?' 고민하며 기획하고, 눈에 보이는 결과물을 만들어 타깃 고객의 반응을 관찰하는 과정 전체가 재미있었다. 그렇게 유료 광고 기획 업무는 자연스럽게 내 전담 업무가 되었다.

그렇게 1년 반 넘게 회사에서 유료 광고 기획을 담당하게 되었다. 회사에서 광고 소재 기획이 필요하면 당연하게 나를 먼저 찾았다. 한국뿐만 아니라 글로벌을 타깃으로 한 광고 소재 기획 요청도 들어오면서 업무량이나 기획력에 있어서 벅참을 느꼈다. 하지만 그 누구에게도 도움을 요청할 수 없었다. 내가 해야만 하는 일이라고 생각했다. 더 잘해야 한다는 부담감이 있었다. 왜냐하면 나는 팀장이니까.

그러나 최근 이 생각이 바뀌게 된 계기가 있었다. 지난해 테스트로 시도했던 버스 외부 광고를 1년 동안 진행하자는 의사결정이 있었고, 꽤 큰 예산을 투입하게 되었다. 시장 내 점유율 확대를 위한 공격적인 마케팅이 필요한 시기여서 기존처럼 1~2개의 광고 매체가 아닌 온·오프라인을 오고 가며 여러 개의 매체에서 동시에 광고를 진행해야 하는 상황이었다. 하나의 주요 메시지key message를 정하여 브랜드를 각인시키고, 각기 다른 광고 매체로 확장할 때도 일관성 있는 메시지를 유지하는 것이 필요하다고 생각되었다.

막상 주요 메시지 정립이 필요하다고 주장하고, 대표님의 OK 사인도 받았지만 한 분기 이상 일관되게 밀고 갈 수 있는(흥미를 단번에 끌면서, 서비스의 핵심까지 동시에 전달할 수 있는 20자 미만의 짧고 간결한) 메시지를 도출하는 일이 굉장히 부담스러웠다. 광고 소재를 제작해야 하는 시간적 여유가 별로 없는 상황에서 '막상 이거다!' 싶은 아이디어가 떠오르지 않아 굉장히 초조했다.

휴게실에서 노트북을 켜고 자료를 찾으며 고민하고 있는 날 보며 한 팀원이 "어려우시면 혼자 고민하지 말고 팀에서 같이 회의해보면 어때요?"라고 지나가듯이 말했다. 그때만 해도 나를 생각해주는 따뜻한 마음에 고 마음을 느꼈지만 이건 내가 해야 하는 일이라는 생각으로 선을 그었다.

그런데 시간이 지나고 생각해보니 일리가 있었다. 회사를 대표하는 중요한 메시지를 정해야 하는 일인 만큼, 한 명보다 여러 명이 머리를 맞대었을 때 결과물의 퀄리티도 올라갈 것이다. 게다가 기획이 완료되면 기획안을 바탕으로 디자이너와 콘텐츠 크리에이터가 이미지와 영상을 만들고, 콘텐츠 마케터가 광고 카피를 작성해야 하기 때문에 모든 팀원이 기획 과정부터 함께한다면 더 동기부여가 되고 각자의 일을 더 잘할 수 있게 될 것이라는 생각에 미쳤다.


'왜 진작에 이 생각을 하지 못한 거지?' 아쉬움이 들었다. 아마 나는 기획과 제작 그리고 실행의 각 영역은 분리된 채로 딱딱 맞물려 잘 돌아가는 시스템이 있으면 그게 좋은 팀워크라고 생각했던 것 같다.

팀원의 아이디어 덕분에 첫 콘텐츠팀 브레인스토밍 회의를 열었다. 확실히 여러 사람이 모이니 주옥 같은 아이디어들이 많이 나왔다. 그러나 생각지도 못한 또 다른 문제에 봉착했다. 욕심은 많고 사람마다 아이디어가 다르니 의견을 좁히는 것이 쉽지 않았다. 그야말로 배에 사공이 많으니 바다가 아니라 산으로 가게 될 판이었다. 아이디어 단계부터 같이 참여했는데 본인이 낸 아이디어가 반영되지 않거나 채택되지 않는다면 팀원이 느끼는 실망감은 오히려 더 클 것이라는 생각에 걱정도 되었다.

모든 팀원의 의견을 존중하고 반영하는 것도 중요하지만, 촉박한 시간 가운데 최선의 결과물을 도출해야 했다. 기존에는 아이디어를 내는 것이 나의 역할이었지만 이번에는 모두가 만족할 수는 없어도 최선을 이끌어 낼 수 있도록 조율하는 것이 나의 역할이었다. 한 번의 회의로 의견이 도저히 좁혀지지 않아 총 세 번의 회의가 열렸다. 그리고 모두가 동의하는 1분기 마케팅 주요 메시지를 정할 수 있었다.

이번 과정을 통해 얻은 깨달음은 리더는 모든 걸 잘해

야 하는 사람이 아니라는 것이다. 팀장이 되기 전 나의 업무가 광고 기획이었고, 여전히 그 업무를 잘하고 욕심이 난다고 하더라도 내려놓을 줄 알아야 한다. 왜냐하면 팀장이 된 순간부터는 개인의 업무 성과로 인정받지 않기 때문이다. 팀장은 팀원의 성장과 성과를 통해 인정받는다는 사실을 잊지 말아야겠다.

# 적극적인 리더가
# 바람직하다는 착각

🌸 둥글둥글 팀장의 일기 #18

팀원들의 발표를 듣는데 '확실히 이들이 나보다는 전문가다. 맡기는 것이 좋겠다'라는 생각이 들었다. 고민의 흔적이 보였고, 창의적인 아이디어도 많았다. 한 분야를 파고든 사람이 고민한 흔적과 깊이가 있을 때 우리는 설득을 당한다. 그들이 마음껏 끼를 펼칠 수 있는 환경을 그냥 깔아주면 되고, 믿고 맡기면 되겠구나 싶었다.

내게는 '리더십' 하면 딱 떠오르는 이미지들이 있다.

솔선수범하고, 다른 사람이 나아갈 수 있도록 앞에서 이끌어주고, 부족한 점에 대해서는 따끔한 피드백을 주면서도 필요한 순간에는 팀원을 적극 감싸며 책임을 오롯이 지는 그런 모습들이다. 여기서 발견되는 공통적인 키워드는 '적극성'이다.

팀장이라는 직책이 주어지고, 첫 팀원이 들어왔을 때 그때는 어떤 리더십을 가져야 할지 스스로 진지하게 묻고 고민한 적은 없었다. 하지만 은연중에 나는 전면에 나서는 팀장이 되어야 한다고 생각했던 것 같다.

지금은 내 밑에 단기 인턴까지 포함해서 6명의 팀원이 있지만 초기에는 1~2명인 시절이 있었다. 그때의 팀원들은 우리 회사가 첫 직장인 주니어들이었다. 그랬기에 내가 하던 일들을 나눠주면서 팀원들의 실력을 키우기 위한 섬세한 코칭이 필요했다. 적극적으로 업무를 할당하고, 발전을 위한 피드백을 주면서 내가 주니어 팀원들이 성장하는 데 큰 기여를 할 수 있다는 사실에 뿌듯해했다.

그러다 회사의 비즈니스가 커지고 자연스럽게 충원이 이루어지면서 실력 있는 경력자들이 우리 팀에 들어오기 시작했다. 그중에 한 분은 전체 경력으로 보면 나보다도 길고, 나이도 많았기에 내가 팀장으로서 어떻게 제대로 된 역할을 할 수 있을지 고민이 시작되었다.

너무 당연한 말이지만 팀원 개개인마다의 경력, 성향이 달랐기에 팀장으로서의 나의 코칭 방식도 제각기 달라야 했다. 영상 크리에이터, 디자이너 등 해당 영역에서 팀원이 나보다 더 잘 아는 전문가일 때는 업무를 적극 위임하는 리포지셔닝이 필요했다.

나와 업무 결이 비슷하고 아직 주니어 레벨인 팀원들에게는 적극적으로 개입하고 피드백을 주는 코칭을 유지했다. 경력이 풍부하고 전문 영역이 뚜렷한 팀원들에게는 브랜드 가이드와 회사의 방향성을 공유하고, 콘텐츠 내 오탈자 검수 등 최소한의, 그리고 기본적인 것에 대해 피드백을 주는 정도의 코칭을 했다.

그런데 팀원 수가 6명으로 늘어나고 팀 내의 다이내

믹이 증가하면서 나의 리더십에 의문이 생기기 시작했다. 어떤 팀원에게는 흡사 마이크로 매니징을 하면서도 다른 팀원은 자율적으로 알아서 하게 놔두는 등 같은 팀 내에서도 다양한 코칭 스타일이 난무하면서 '내가 일관적인 모습을 보이지 못하는 건가?' 하는 내적 갈등이 들었다.

사실 근본적인 고민은 따로 있었다. 최소한의 개입을 하는 자유방임의 코칭을 하면서 내가 팀장으로서 아무것도 하지 않는 방관자인 것 같아 찝찝했다. 심적 부담을 느낀 이유는 나 스스로 '팀장＝모든 일을 잘해야 하는 사람＝모든 것을 대신 나서서 정리해줘야 하는 사람'으로 인식했기 때문인 것 같다.

부족하지만 그래도 어떻게든 더 배우고 나아지고 싶어서《요즘 팀장은 이렇게 일합니다》라는 책을 읽었다. 약 300페이지에 달하는 글 중에서 내 눈에 확 들어오는 내용이 있었다.

다양한 리더십은 '내'가 아닌 '같이 일하는 사람'에 따라 달라진다는 것이다. 그리고 항상 같지 않고 조직의

미션과 상황에 따라 달라지기도 한다. 즉 팀원의 역량 (스킬, 경험, 경력, 자격 등)과 동기 요소에 따른 리더십을 부여해야 한다는 것이다(《요즘 팀장은 이렇게 일합니다》 중에서, 백종화 지음).

그렇다. 변하지 않고 고정적일 것만 같은 리더십은 사실 사람과 상황에 따라 유동적으로 바뀌어야 한다. 한때는 잘 통했던 리더십이라도 시간이 지나 사람과 상황이 바뀌면 더 이상 정답이 아닐 수도 있다. 계절의 변화에 따라 입는 옷이 바뀌듯 리더십도 사람과 상황에 따라 주기적으로 바뀌어야 한다는 것을 깨달았다. 팀원이 6명이라면 나는 6개의 리더십 스타일을 가지고 있어야 한다.

팀에 가장 마지막으로 합류한 팀원이 이제 5개월 차, 가장 오래된 팀원은 이제 2년 차가 되었다. 모든 팀원이 각자의 자리에서 똑 부러지게 프로페셔널한 태도로 다른 사람들과 협업하며 제 역할을 잘하고 있다. 한때는 차근차근 알려주고, 자세한 피드백을 주는 것이 중요했지만 지금의 상황에서는 그런 코칭은 불필요해졌다. 괜히 존재 자체가 비효율적인 팀장이 되지 않기 위해서 나의 새로운 역할을 찾아야 했다.

경력자인 팀원은 말할 것도 없고, 내가 하던 업무를 나눠주던 팀원도 정말 많이 성장해서 이제는 오히려 내가 특정 업무의 히스토리와 실무적 지식을 그 팀원에게 물어볼 때도 많다. 이런 상황에서 현재 내가 팀장으로서 할 수 있는 최선은 팀원들이 자신의 일에 집중할 수 있는 환경을 조성해주는 것이라는 결론에 이르렀다.

팀원이 일을 하는 데 걸림돌이 되는 장애물이 있다면 제거하고, 잘한 부분에 대해서는 인정과 격려, 칭찬을 주고 부족한 점에 대해서는 솔직한 피드백을 주면서 더 성장할 수 있도록 동기부여 해주고자 했다.

새로운 리더십을 정립하고 난 뒤 회사에서 일을 할 때 이 부분을 더 잘하기 위해 의식적으로 노력을 기울였다. 하지만 고작 며칠뿐이었지만 이렇게 일하고 있자니 가끔 내 역할이 마치 연예인 매니저, 비서 비슷한 존재 같다는 생각에 살짝 현타가 오기도 했다.

'나도 내 매니저가 있으면 좋겠다' 하는 푸념을 할 때쯤, 바로 이것이 팀장이 오롯이 감당해야 할 무게라는 것을 깨달았다.

# 빠르게 성장하는
# 스타트업의 명과 암

🌸 둥글둥글 팀장의 일기 #19

책도 읽고, 시리즈 B 투자를 받은 다른 스타트업은 어떻게 마케팅을 하는

지 찾아봤다. 확실히 뇌를 말랑하게 해놓고 이것저것 찾아보니 시야

가 넓어지고, 개선점들이 보였다. 계속하는 일에만 매몰되었다면 절대

보이지 않았을 것 같다. 가끔은 밖으로 나와서 시야를 넓혀야 한다.

스타트업은 설립된 지 오래되지 않은 신생 벤처 기업을 말한다. 그러나 새로 개업한 동네 샐러드 가게를 스타트업이라고 부르지 않는 것처럼 모든 신생 비즈니스가 스타트업으로 분류되는 것은 아니다.

샐러드 가게는 장사가 잘되더라도 1~2년이 지나도 똑같은 위치에 머물며 영업하고 있을 가능성이 크다. 혹 장사가 잘 안 돼서 적자가 나고 있다면, 오래 버티지 못하고 폐업할 가능성이 크다.

그러나 스타트업은 초기에 2~3명의 공동 창업자를 중심으로 시작되었을지라도 1~2년 만에 직원 수 50명, 앱 월간 활성 사용자 수(MAU) 300만 명을 달성하는 시나리오가 가능하다. 당장 수익 모델은 없어도 인원을 확충하고 마케팅에 투자하면서 사업을 확장해간다. 자영업과 스타트업을 구분하는 기준은 바로 이 빠른 성장 속도에 있다.

스타트업은 빠른 속도로 성장하기 위해 벤처캐피털Venture capital과 같은 기관으로부터 투자를 유치한다. 마련한 투자금은 인재 채용, 사무실 확장, 장비 구매, 마케팅

등에 주로 사용한다. 운영하고 있는 사업에서 수익이 발생하여 현금이 필요하지 않은 상황이더라도 대외적인 브랜딩과 시장 점유율을 높이기 위해 공격적인 투자를 유치한다. 대부분의 스타트업은 비상장이기 때문에 이렇게 시리즈 투자를 받을 때 투자자가 산정한 밸류에이션은 해당 기업의 시장가치를 판단하는 기준이 된다.

스타트업의 투자에 대해 조금 더 설명하자면, 창업 후 '시드Seed 투자 → 시리즈 A → 시리즈 B → 시리즈 C'의 단계를 거치며 이루어진다. 시드 투자는 창업 1년 이내의 스타트업을 대상으로 아직 제품/서비스는 없지만 사업 아이디어와 팀의 성장 가능성만 보고 투자가 이루어지는 단계다.

제품의 프로토타입이 만들어지고 어느 정도 시장 검증이 되었다면, 정식 서비스 출시를 위해 시리즈 A 투자를 유치한다. 그러나 상당히 많은 수의 스타트업이 시드 투자 유치 이후 시리즈 A 단계로 넘어가지 못해 데스밸리Death Valley 구간이라고 불리기도 한다.

그리고 시리즈 B 단계는 출시한 서비스가 시장에서

인정받고 안정적으로 수익을 내는 단계에서 본격적으로 사업을 확장하고, 시장 내 점유율을 공고히 하기 위해 받는 규모 있는 투자이다. 많은 스타트업이 시리즈 A에서 B 시기를 거치며 외형적으로 큰 성장을 한다.

이 내용은 인터넷에서 조금만 검색해도 알 수 있다. 게다가 나는 첫 번째 직장이 스타트업 엑셀러레이팅 프로그램을 운영하는 기관이었던지라 주변에서 투자 유치를 하는 스타트업의 소식을 많이 접했었다. 그러나 이론적으로 시리즈 투자 단계별 차이점을 아는 것과 실제 스타트업에서 일하며 투자 유치 과정을 겪는 것의 현실적인 의미는 달랐다.

'시리즈 B 투자 ○○○억 원 유치'라는 간결하고 명료한 문장 뒤에는 인사, 직무적인 변화를 겪으며 끊임없이 불안하고 흔들리는 일이 많아진다는 것을 의미했다.

## 시리즈 A 이후

현재 다니는 회사에 합류한 건 시리즈 A 투자를 받고 3개월이 지난 시점이었다. 50억 원이라는 넉넉한 투자

금을 유치하여 제품 시장 적합성PMF, Product Market Fit 검증을 위한 발판이 마련되었다. 6개월 단위로 조그만 공유 오피스를 전전하다가 내가 입사하기 불과 2주 전에 창문 너머로 인왕산이 보이는 널찍하고 쾌적한 사무실로 이사를 왔다. 직원 수는 약 30명, 너무 적지도 그렇다고 너무 많지도 않은 인원이어서 개발 본부와 사업 본부로 부서가 나뉘어 있었지만 그래도 각자 무슨 일을 하는지 파악이 가능했다. 상당히 좋은 환경과 분위기에서 일을 시작한 셈이다.

신규 입사자가 있으면, 퇴사자도 발생하면서 직원 수는 한동안 30명 근처에서 오래 머물렀다. 네 일, 내 일 나눠서 경쟁하기보다는 '조직의 성장과 발전'이라는 공동의 목표 아래 자발적으로 협력하는 걸 중요하게 여기는 동료들이 대부분이어서 사무실 분위기는 화기애애했다.

매출 성과는 물론 중요했지만 숫자 만들기를 위한 조급함은 없었다. VIP 고객 한 명을 잃는 것은 타격감이 컸지만, 당장의 손실에 신경 쓰기보다는 왜 이 고객이

떠났는지 원인을 분석하고 이해하려고 노력하는 것이 더 중요했다.

그 당시 일할 때는 매 순간 치열했지만, 지나고 나서 돌아보니 참 좋은 시절이었다는 생각이 든다. 시간이 지나서 기억이 미화된 것일 수도 있겠지만, 진짜 소수 정예의 인원이 으쌰으쌰 일하면서 행복한 기억이 많았다.

## 시리즈 B 이후

그후로 2년이라는 시간이 흐르고, 회사는 얼마 전 시리즈 B 투자를 받았다. 처음에는 투자를 받는 것이 좋은 일인 줄만 알았다. 제품/서비스가 견고한 성과를 내고 있으며, 앞으로도 시장에서의 성장 잠재력이 큰 것을 인정받았다는 방증이기에, 시리즈 B 투자를 받은 기업에 다닌다는 사실이 자랑스럽게 느껴지기도 했다. 하지만 내가 잘못 알고 있었다. 시리즈 B 투자를 유치했다는 것은 '끝'이 아니라 이제 '시작'이었다.

시리즈 B 투자 유치 이후 사무실의 풍경과 분위기는 사뭇 달라졌다. 팀마다 달성해야 하는 월 매출 목표가 생겼다. 목표 매출액에 공백이 생길 때마다 씁쓸함과 조급함이 그 자리를 채우는 듯한 느낌이 들기 시작했다. 그리고 투자자들에게 약속한 매출 목표를 달성하기 위하여 개발 본부, 사업 본부 가리지 않고 활발히 채용이 진행되었고, 2주에 한 번꼴로 신규 입사자들이 들어왔다. 회사에서 2년 넘게 일한 고인물이고, 나름 사람의 얼굴과 이름을 잘 외우는 재능이 있다고 자부하는 편인데 이제는 회사에 얼굴과 이름을 모르는 사람들이 꽤 많아졌다.

시리즈 B 투자는 내 직무에 있어서도 변화를 가져왔다. 더 이상 신규로 기획한 콘텐츠를 발행했다고 칭찬받고 인정받는 시기는 지났다. 이제 중요한 것은 과정이 아니라 '결과'였다. 그랬기에 기존에 해오던 방식대로 일하는 것이 아니라 새로운 방식으로 전략을 세우고 실행해야 했다.

시리즈 B 단계에 걸맞은, 회사 이름만 들어도 신뢰를 바로 느낄 수 있는 그런 브랜드로 키워야 한다는 압박감이 느껴졌다. 그러나 그 어느 때보다 나의 한계를 뼈저리게 느꼈다. 그간의 데이터 기반 선택과 집중할 매체를 정하고, 매체별 콘텐츠 전략 등 분기/매월 단위로 전체적인 계획을 세우고, 일이 각 담당자에 의해 실행될 수 있도록 진두지휘해야 했는데 아무리 노력해도 쉽지 않았다.

이 회사에 들어와서 마케터가 되면서 그때그때 닥친 일을 처리하며 빠르게 배우고, 그렇게 하나하나 경험치를 늘려왔지만 나의 능력은 시리즈 A 단계 스타트업 콘텐츠팀 팀장, 딱 거기까지인 것만 같은 느낌이 강하게 들었다. 인정하기 싫었지만 그게 팩트였다.

회사가 커지고 일이 많아지면서 나와 함께 마케팅을 담당할 동료를 뽑는 것은 당연한 일이었다. 하지만 지원자들의 인터뷰 일정이 잡힐 때마다 '내가 너무 못해서 나를 대체할 사람을 뽑는 건가?' 하는 옹졸한 생각을 쉽게 떨칠 수 없었다.

힘든 이유만 주로 말했지만 시리즈 B 투자를 받으면서 물론 좋아진 점도 있다. 우선 훌륭한 인재를 유치하기 위해 강남에 거점 오피스가 생겼고, 중식대를 현금으로 지원해주는 등 복지가 좋아졌다. 그리고 경력 10년차 이상의 능력이 좋은 동료들이 합류하면서 진행하던 업무에 시너지가 나고 점점 체계를 갖추게 되었다.

역도, 태권도 같은 스포츠는 체급별로 선수를 나누고 체급이 비슷한 선수들끼리 경쟁을 한다. 회사가 시리즈 A 투자 단계에서 B로 넘어가는 과정을 태권도에 비유한다면, 68kg급에서 활동하던 선수가 80kg급 선수들과 경기를 뛰어야 하는 상황이 된 것이다. 체급 변화는 하루아침에 이루어지는 것이 불가능하다. 체중을 늘리고 불어난 체중에 맞춰 몸의 균형을 유지하기 위해 꾸준하고 반복적인 훈련이 필요하다.

나도 조직도 시리즈 B 투자 유치 이후 찾아온 이 성장통을 슬기롭게 잘 극복해 나갔으면 좋겠다.

# 나의 부족한 점을
# 마주할 용기

🌸 둥글둥글 팀장의 일기 #20

오늘 팀원들과 1:1을 진행했다. 좋은 피드백을 많이 들었다. 그들의 피드백이 나를 많이 되돌아보게 했다. 책상에 둔 일력 속 오늘의 문장이 내 상황이랑 너무 비슷해서 반가웠다.

"이겨낸다면 반드시 발전으로 돌아올 스트레스를 기쁘게 맞이하자."

정기적으로 팀원들과 면담하기로 결심한 이후 한 달에 한 번 꾸준히 1:1을 진행하고 있다. 정신없이 바쁘게 일할 때는 한 달이라는 시간은 정말 빨리 지나간다. 캘린더에서 이번 주의 일정을 확인하다가 팀원과의 면담 일정이 줄줄이 잡혀 있는 걸 발견하면 '아, 이번에는 대체 어떤 말을 해야 하지?' 고민이 시작된다.

딱히 이슈가 없을 때는 '안 그래도 바쁜데 그냥 이번 달 1:1은 건너뛸까?' 하는 생각이 들며 마음이 약해진다. 그러나 이런 식으로 팀원들과의 면담을 건너뛰기 시작하면 이후에는 걷잡을 수 없이 다른 무수한 핑계로 미루게 될 것 같았다. 며칠 미루는 일은 있어도 어떠한 일이 있어도 1:1을 건너뛰지 않기로 스스로와 약속했다.

피할 수 없는 것이라면 어떻게든 쥐어 짜내서 건전한 시간으로 만들어야 했다. 나름 다양한 노력을 기울였다. 1:1을 잘 활용하는 기업의 사례를 참고하여 자연스러운 대화를 유도하기 위한 질문 리스트를 만들기도 했다. 그리고 미팅룸에서 진행하면 딱딱한 분위기가 형성될까 봐 기분을 전환하고 음료라도 사줄 겸 회사 근처 카

페에서 진행하기도 했다. 한 번은 1:1 형태를 탈피하여 직무가 비슷한 팀원들을 공동 면담하는 2:1 형태로 진행하기도 했다.

그렇게 각 팀원들과 세 번의 1:1 사이클을 돌고, 네 번째 1:1 일정이 다가왔다. '이번에는 어떤 피드백을 줘야 할까?' 고민하다가 문득 이번에는 내가 피드백을 주는 것이 아니라 팀원들에게 나의 피드백을 듣는 시간으로 만들어야겠다는 생각이 들었다.

사실 나에 대한 피드백을 들으려고 시도하지 않은 것은 아니었다. 면담이 끝날 즈음에 "저한테도 해주고 싶은 말은 없으세요?" 물어보기는 했지만 그때마다 제대로 피드백을 들은 적이 없었다. 갑작스러운 질문에 준비가 안 되었기도 하고, 나의 부족한 점에 대해 하고 싶은 말이 있어도 팀장 앞에서 진짜 솔직한 마음을 털어놓기 힘들었을 것이다.

이제는 진짜 팀원들에게 나에 대한 솔직한 피드백을 들을 때가 왔다고 생각했다. 부족한 점이 많지만 그래도 화기애애한 팀 분위기를 형성하고, 팀원들이 각자의 일에 집중할 수 있도록 나서서 정리하고 내 실무도 놓치지 않으며 나름 잘해오고 있다고 생각했다. 그러나 시리즈 B 투자를 유치한 이후 회사의 성장 속도는 더욱 빨라지고 있었고, 새롭게 시도해야 하는 일이 많아지는 상황에서 5명이나 되는 팀원들을 이끌기에는 역부족이었다. 실무자로서나 관리자로서나 나의 부족함을 그 어느 때보다 뼈저리게 느꼈다.

'피드백을 듣고 상처받으면 어떡하지?' 하는 두려움이 엄습했다. 그러나 상처받을 것이 두려워 묻지 않는다면, 더 발전할 수 있는 기회를 잃는 바보 같은 짓이었다. 그래서 용기를 내어 내 부족함과 마주하기로 했다.

1:1의 날이 되었다. 미팅룸에서 팀원을 기다리는데 이번에는 특히 더 비장한 마음이었다.

"벌써 한 달이 지났네요. 지금까지는 제가 여러분께 주로 피드백을 드렸는데, 이번 1:1은 제가 피드백을 듣는 자리로 만들어 가려고 해요."

갑자기 나에 대한 피드백을 달라고 하니 다들 당황해하는 눈치였다. 이번 1:1은 모든 팀원에게 공통적으로 나의 피드백을 듣는 시간으로 만들려고 하고, 나도 완벽하지 않은 사람이니 피드백을 받고 더 발전할 기회를 달라고 했다. 그러자 모두 고개를 끄덕이고, 신중하게 말을 고르며 피드백을 주기 시작했다.

그중에서 몇 가지 피드백은 망치로 맞은 것처럼 나를 되돌아보게 했다.

- 위에서 떨어지는 지시에 너무 수용적인 나머지, 팀원을 갈아서 일을 처리하는 것 같다.
- 팀원들이 하는 일에 대한 이해가 부족한 것 같다.
- 당장 앞에 있는 업무를 처리하는 것에 몰두한 나머지 큰 그림을 보는 여유가 부족한 것 같다.

맙소사! 누군가의 이야기였다면 최악이라고 손가락질했을 그런 모습들인데, 내가 그런 팀장이었다니. 어느 정도는 인지하고 있던 나의 부족한 점이었지만 이렇게 팀원들의 입으로부터 확인 사살을 받으니 충격감이 꽤 크긴 했다.

우리 팀에 일이 주어질 때마다 업무를 잘게 나눠서 적합한 팀원에게 어사인하여 일이 빠르게 진행될 수 있도록 하는 편이었다. 그러나 팀원들에게 업무를 나눠주기 전에 현재 맡고 있는 업무의 양이 어떤지, 새로운 업무를 맡을 여유가 있는지 섬세하게 확인했어야 했다. 급한 프로젝트가 주어졌을 때 아무 말도 없이 그냥 넘겨받는 것이 아니라, 팀장인 내가 나서서 현실적인 타임라인을 확보하며 팀원들을 보호해야 했다.


나의 부족함을 낱낱이 마주하는 건 괴로운 일이다. 그러나 실패와 잘못을 인정하는 것에서부터 사람은 성장할 수 있다. 팀원들이 솔직하게 의견을 말해준 만큼, 그 부분에 대해서는 개선된 모습을 보여줘야만 했다. 용기를 내어 피드백을 전달했는데도 불구하고 변하지 않는다면, 나에 대한 신뢰는 복구할 수 없는 수준으로 떨어지게 될 것이다.

이런 피드백을 들을 수 있다는 사실에 감사했다. 그리고 부족한 점을 급하게 메우려고 서두르지 않기로 했다. 부족한 점을 정리하고, 천천히 극복하면서 더 나은 사람으로 나아갈 것이다.

# 나는 무엇으로
# 일하는가

🌸 둥글둥글 팀장의 일기 #21

다짐하는 건 누구나 할 수 있지만 실행하는 것은 정말 쉽지 않다. 아침에 일출을 보면서 거창한 새해 계획을 세웠지만, 집에 오자마자 침대에 드러누워 영화를 보며 너무나 쉽게 무너졌다. 하루 정도는 쉴 수 있지만 이렇게 하루가 쌓여서 일주일, 한 달 그리고 1년이 되면 아무것도 잃은 것이 없어 보이지만 사실 나는 엄청난 것을 잃은 것이다. 조금이라도 좋으니 어제보다는 나은 오늘, 오늘보다는 나은 내일이 될 수 있도록 작은 것이라도 실천하자. 초심을 잃는 순간이 오더라도 지속적으로 동기부여 하려는 노력을 하자.

얼마 전 지인들과의 술자리를 가졌을 때의 일이다. 지인 한 명이 정말 궁금하다는 듯 나에게 질문을 했다.

"재선이 너는 끊임없이 뭔가를 하며 열심히 사는데, 그 원동력은 대체 뭐야?"

음, 원동력이라…. 갑작스러운 질문에 말을 쉽게 잇지 못했다. 사실 이런 질문을 받은 게 이번이 처음은 아니었다. 내가 이렇게 열심히 사는 원동력을 뭐라 똑 부러지게 설명할 수가 없었다. 그 자리에서는 '기왕 태어났으니 주어진 인생 열심히 사는 것'이라고 얼버무렸던 것 같다.

그런데 뭔가 찝찝했다. 질문에 대한 올바른 답이 아닌 것 같았다. 그 뒤 이어진 일상에서도 계속 질문을 곱씹었다. 내가 새로운 도전을 주저하지 않고, 나태 지옥에 빠지지 않고, 끊임없이 무언가를 배우고 생산하게 만드는 원동력은 무엇이란 말인가.

고민 끝에 그 원동력은 '더 나은 사람으로의 성장'이라는 결론에 이르렀다. 이렇게 도출하고 나니 여러 자물쇠를 다 열 수 있는 마스터키처럼 내가 하는 모든 행동이 다 들어맞는다. 아무리 귀찮아도 매일 하루의 끝에는 일기를 쓰는 것, 잘 몰랐던 분야의 일이라도 일단 시도하고 배우는 것, 내 한계를 인정하고 부족함을 솔직하게 마주하는 것, 좋은 동료이자 좋은 친구가 되고자 최선을 다하는 것. 이 모든 것을 가능하게 하는 힘은 완벽하지 않고 부족한 사람이더라도, 오늘보다는 내일 한 끗이라도 더 나은 사람이 되고 싶기 때문이다.

'더 나은 사람으로의 성장'이라는 시각으로 내 삶을 찬찬히 돌아보면 과거와 현재가 일관성 있게 이어진다. 사실 나는 고등학교에 입학했을 때까지만 해도 공부를 잘하지도, 좋아하지도 않는 아이였다. 중학교 2학년 때 딱 한 번 정말 열심히 이를 악물고 공부한 적이 있는데 엄마가 반에서 10등 안에 들면 당시 유행하던 모토로라의 핑크레이저 휴대폰을 사준다고 했기 때문이다. 원하던 핑크레이저를 얻은 뒤 나의 성적은 다시 쭉 떨어졌다.

고등학교에 입학해서 본 첫 모의고사에서 언어, 수리, 외국어 영역에서 모두 5등급이라는 처참한 성적표를 받았다. 교무실로 불려 가서 담임 선생님과 상담을 했는데도 크게 심각성을 느끼지 못했다. 의외로 내가 정신을 차리게 된 계기는 어쩌다가 하게 된 무의식 속의 상상이었다.

(상상 속 상황) 대학교에 진학한 뒤 오랜만에 고등학교 동창회를 하는데 "재선아, 너는 어디 학교 갔어?"라고 한 친구가 물었다. 내가 지방의 어느 대학에 다닌다고 말했을 때 아무도 그 대학의 존재를 몰라 당황해하는 친구들의 표정이 선명했다.

단지 상상이었지만 일종의 굴욕감을 느꼈다. '나 이렇게 공부를 안 하면 정말 큰일 나겠구나' 하고 정신이 퍼뜩 들었다. 그때부터 공부를 정말 열심히 했다. 고등학교 2학년 때부터는 반에서 1~3등은 놓치지 않았고, 결국 서울 소재의 원하던 대학교에 들어갈 수 있었다.

많은 전공 중에서 정치외교학과를 선택한 이유는 UN 같은 국제기구에서 국제평화를 위해 일하고 싶은 꿈이 있었기 때문이다. 그런데 막상 입학해보니 UN은 대기업 공채처럼 취업 준비를 통해 갈 수 있는 곳이 아니었다. 능수능란한 영어는 기본에 제2외국어 구사, 그리고 석사 학위 및 관련 경력이 있어야 이력서를 들이밀어 볼 수 있는 수준이었다. 3년 내내 수능 공부만 하다가 대학교에 갓 입학한 새내기에게는 그 장벽이 너무 높아 보였다. 그렇게 국제기구 진출이라는 꿈은 허무하게 증발해 버렸고, 방황 끝에 '남들처럼 돈이나 벌자'는 생각으로 취업 준비의 길로 접어들었다.

운이 좋게도 대학생 때 인턴십으로 인연을 맺었던 한 비영리 재단에서 첫 사회생활을 시작했다. 워낙 지루하고 반복적인 일을 싫어하는데 '회사=이 모든 일을 다 해야 하는 곳'이라는 편견이 있어 그 어떤 회사든 얼마 못 버틸 거라고 생각했다. 그런데 막상 일하다 보니 생각보다 '직장인'의 정체성은 나에게 잘 맞는 옷이라는 걸 깨달았다.

'더 나은 사람으로의 성장'이라는 나의 원동력이 회사 생활과 만나 더 불꽃이 튀었다고 해야 할까. 주도적으로 책임을 지며 일하는 환경이 나를 더 나은 사람으로 성장하고 싶게 만들었다. 회사의 비전에 적극 공감하고, 함께 일하는 동료들의 능력이 뛰어나니 나도 더 뛰어난 사람이 되고 싶다는 욕구는 커졌다. 실력도 좋은데 인성까지 좋은 사람들을 만나 교류할수록 인간적으로도 더 성숙하고 배려심 많은 따뜻한 사람이 되고 싶어졌다.

더 나은 사람으로 성장하겠다는 욕심은 회사 밖으로도 나를 이끌었다. 부족함을 극복하기 위해 아무리 노력해도 더 나아지는 것이 없다는 한계에 부딪혔을 때쯤 더 이상 회사 안에서만 고군분투해서는 안 되겠다는 깨달음을 얻었다. 외부로 나가 다양한 자극, 사람, 경험을 통해 나를 채우면 이것이 일의 성과로 자연스레 이어질 수 있을 것이라 생각했다. 업계 사람들을 만날 수 있는 이벤트에 참여하며 좁았던 인맥을 넓히고, 독서 모임에 참여하여 지식을 채우고 내 것으로 소화했다.

이렇게 더 나은 사람이 되려고 노력하는 이유는 아마도 내면에 주변으로부터 인정받고, 사랑받고 싶은 욕구가 자리 잡았기 때문이 아닐까. 성인이 된 이후 그렇다할 꿈이 있는 것은 아니었지만, 돈을 많이 벌거나 누구나 들으면 다 아는 회사에 다니는 것을 꿈꿨던 적은 없었다. 어디에 소속된 것으로 만족하며 나의 정체성을 한정 짓기보다는 나라는 사람 자체가 좋은 사람이 되고자 했다. 명품을 걸쳐서 예쁘다거나 주목을 받는 것이 아니라 나라는 사람 자체가 명품이 되고자 했다. 그러면 주변의 사람들도 알아봐 줄 것이라고 생각했다. 마치 향기로운 꽃 주변으로 나비가 모여들 듯이 말이다. 나에게 있어 진정한 성공이란, 단순히 돈을 많이 벌고 유명해지는 것이 아니라 매일 더 나은 사람이 되고자 노력하며 나로부터 시작되는 변화가 주변에도 긍정적인 영향력을 미치는 것이다.

지인이 '나중에 책을 내고 베스트셀러 작가가 되면, 일을 그만두고 전업 작가가 되고 싶은지' 물은 적이 있다. 일 초도 망설이지 않고 한 나의 대답은 NO. 매일 출근하며 직장이라는 울타리 안에서 다양한 사람을 만나고, 끊임없이 주어지는 챌린지들을 통해 나의 일상은 롤러코스터를 타는 것처럼 오르락내리락 움직인다. 때로는 불안하고 흔들리지만 오히려 그렇기에 정체되지 않고 앞으로 나아갈 수 있다. 아무도 없이 혼자서 일하는 환경에서 글만 쓴다면 나는 자유로움보다는 오히려 답답함을 느낄 것 같다. 일과 회사는 내가 더 나은 사람이 되고 싶게 만드는 강력한 원동력이다.

앞으로 5년 뒤, 10년 뒤에는 어디서 무엇을 하고 있을지 도통 감이 오지는 않는다. 하지만 이것 하나는 확실하다. 아침에 일어나 어딘가로 출근해 최선을 다해 일하고, 하루의 끝에는 글을 쓰며 더 나은 사람으로 성장해 나갈 것이다.

# 팀장이 된다는 것의 의미
## 초보 팀장, 그 후 2년

스물아홉 살에 어쩌다 보니 나는 콘텐츠팀을 이끄는 팀장이 되었고, 어쩌다 보니 벌써 2년이라는 시간이 흘렀다. 하루하루의 단위로 보자면 참 느리게 시간이 흘러가는 것 같았는데, 막상 지나고 보니 지난 2년의 시간은 참 압축적으로 느껴졌다.

직접 경험하기 전까지 팀장은 막연히 멋있는 직책이라고 생각했다. 위로는 대표와 직접 소통하면서 프로젝트를 리드하고, 아래로는 팀원들과 합을 맞추며 진두지휘하는 팀장. 그런데 실제로 경험한 팀장은 그런 화려함과는 거리가 멀었다. 오히려 상사와 팀원 사이에 껴서

양쪽의 눈치를 두루 살피며 최선의 결과를 만들어 내기 위해 일분일초 고군분투하는 자리였다.

잘하고 싶은 마음은 굴뚝같지만 내 능력의 부족함을 깨달을 때마다 괴로웠고, 오롯이 내 판단으로 결정을 내리고 책임져야 하는 자리여서 외로웠다. 고통스러웠지만 이런 고독하고 불안한 감정을 하나라도 놓치고 싶지 않았다. 그래서 하루하루 무너지지 않기 위해 글을 쓰기 시작했다. 초보 팀장으로서 느꼈던 불안감은 내 일기장에 고스란히 기록되어 있었다.

It's time to grow up.
이제는 정말 이전과 다른 내가 되어야 한다. 똑같으면 안 된다.
당연히 괴로울 것이다. 하지만 이렇게까지 해서 앞으로 나아가지
않으면 더 괴로울 것이다.

처음에는 내 밑에 팀원이 들어온다는 것 자체가 어색했고, 당연히 중간관리자 역할에 서툴렀다. 팀원이 조직에 적응하여 성과를 잘낼 수 있도록 매니징해야 했고,

이를 잘하기 위해서는 나 스스로가 귀감이 되는 일 잘하는 능력 있는 사람이 되어야 했다. 이 모든 변화가 나로 하여금 이전과는 다른 방향으로, 그것도 엄청 빠른 속도로 성장해야 한다는 엄청난 압박감을 줬다.

팀장이라는 직책을 포기하고 그냥 팀원으로 일하고 싶다는 생각이 강하게 들었던 적도 많았다. 이 모든 것이 나 혼자만을 위한 것이었다면 아마도 중간에 포기했을 것이다. 하지만 내게는 더 좋은 팀장으로 나아가게 해주는 팀원들이 있었다. 팀을 향한 책임감은 내가 포기하지 않게 잡아주는 튼튼한 지지대가 되었다.

입사 초기, 조직 내에서의 작은 존재감으로 괴로웠던 적이 있다. 마케팅 비전문가로 입사해 하나하나 배워가고 있었기에 이미 성과를 입증하는 동료들에 비해 내가 하는 일이 초라하게 느껴졌다. 그런데 묵묵히 내가 잘할 수 있는 것을 파고들어 하다 보니 조직이 그걸 알아줬고 팀을 이끌 수 있는 기회를 줬다.

처음에 팀장이라는 자리가 주어졌을 때는 이른 시기

에 찾아온 이 기회가 과연 나에게 약일지, 아니면 오히려 독으로 작용할지 확신이 서지 않았다. 하지만 지금은 자신 있게 말할 수 있다. 팀장이 되는 경험은 아팠던 성장통만큼 훌쩍 나를 크게 한 약이었다고.

팀장이 된다는 것은 업무적인 변화를 맞이하는 것뿐만 아니라 다양한 사람의 입장이 되어 보면서 내면적으로도 성숙해지는 과정이었다. 한때 외톨이가 되는 외로운 점심시간을 겪으면서 역지사지의 입장이 되어 '아, 우리 대표님도 얼마나 외로웠을까' 하는 생각을 하게 되었다. 이후 대표님에게도 먼저 식사하자고 제안하기도 하면서 심리적인 거리감을 좁히는 계기가 되었다. 또한 면접관으로 지원자의 합격과 탈락 여부를 직접 결정하는 자리가 되면서 과거 취준생 시절의 나를 되돌아보기도 했다.

내 업무 하는 것만으로도 힘든데, 팀원까지 챙기려니 정말 벅찬 순간이 많았다. 그때 초보 팀장은 마치 초보 부모와 비슷하다고 생각이 들었다. 처음부터 완벽한 부모는 없다. 아무리 힘들다고 아이 키우는 것을 포기할 수 없는 것처럼 나도 포기하지 않고 노력하면 점점 좋은 팀장이 될 수 있을 것이란 희망을 품었다. 타고난 리더는 없다, 더 나아지려고 노력하는 리더만 있을 뿐이다.

이 책에는 실무자가 중간관리자로 성장하는 과정에서 겪은 외로움, 불안감, 성취감 등의 다양한 감정을 담았다. 나처럼 준비되지 않은 상태에서 중간관리자가 되어 막막함을 겪는 초보 팀장이 이 글을 읽고 공감하고, 위로를 받았다면 이보다 더 바랄 것이 없겠다. 각자의 자리에서 더 나아지기 위해 지금도 노력하고 있을 모든 초보 팀장을 응원한다.

마지막으로 어리고 부족한 나에게 팀장이 될 기회를 준 회사가 아니었다면 이 책은 세상에 나오지 못했을 것이다. 내가 더 나은 팀장이자 동료, 사람으로 성장할 수 있게 만들어준 회사, 대표, 팀원 그리고 동료들에게 진심으로 감사드린다.

:)

부족한 점을 급하게 메우려고 서두르지 않기로 했다.

부족한 점을 정리하고, 천천히 극복하면서

더 나은 사람으로 나아갈 것이다.